우울하기엔

오늘의 내가

너무 빛나서

빛나는 그대를 응원합니다

목차

Prologue 10

PART 1 호주, 브리즈번

헤매는 것이 여행 14

평범한 것을 특별하게 16

도움의 선순환 18

세상을 넓히는 중입니다 20

나의 천국 22

그런 네가 좋아 24

내게 들려주고 싶은 말 28

색다른 추억 30

부모님의 마음 32

Moreton Island 34

의미 없지 않아 38

크림파스타 아니고 크림향 파스타 40

시도하지 않으면 알 수 없다 42

트러플 파스타 한 입 추억 한 입 46

오늘의 내가 너무 빛나서 50

여유로운 하루 52

나의 방향 54

1024일 기념 파티 56

느린 걸음이 보여주는 것 58

나만의 보물 지도 60

What a lucky trip! 62

좋은 생각, 좋은 느낌 66

그래서 지금 어때? 70

겁은 적게, 용기는 많이 72

서핑스쿨에서 인생을 배우다 74

Mount Coot-Tha 78

반짝반짝 은하수 80

PART 2 미국, LA

LA로 향하는 마음 88

H마트에서 냉동 김밥을 사다 94

내가 좋아하는 순간 96

따뜻한 겨울 98

혼자 버스타고 다운타운 가기 100

BLUE BOTTLE in LA 104

글쓰기 106

Grand Central Market 108

그러려니 하는 마음 112

숙소의 최대 혜택 114

너와 함께라면 어디든 116

라스베이거스에 가다 118

KA SHOW 122

꿈꾸는 순간 124

광란의 호르몬 파티 126

다 지나가 130

진짜는 내 안의 나 132

캐니언 투어 134

떠나오길 참 잘했다 138

여행 타임머신 140

인생의 무늬 141

다음을 기약하려면 아쉬움도 있어야지 142

보물지도 공개 144

가까이선 비극, 멀리선 희극 148

버스킹 소녀 152

산타모니카 154

Epilogue 156

Prologue

우울을 끊어내기로 결심한 날 비행기표를 끊었다. 이번 여행이 당장 내 미래를 책임져 주지는 않더라도 지금 내 인생의 방향을 좋은 곳으로 이끌 것이라는 믿음이 있었다. 지금 나에게는 긍정적인 에너지가 필요했고 여행은 나에게 에너지를 줄 수 있다고 생각했다.

미래에 대한 불안감은 늘 나를 따라다녔고 일상에 그늘을 드리웠다. 인생의 가장 예쁜 시기를 이렇게 보낼 수는 없었다. 오늘이 내 인생의 가장 젊은 날인데 이렇게 보내기는 너무 슬프다.

어떤 시간이 기다리고 있을지 모르지만 한 가지 확실한 것은 나는 그 시간을 충실히 즐길 거라는 것이다. 마음의 모든 짐은 한국에 내려두고 떠날거다. 무엇이든 비워야 새로 채울 수 있으니까.

마음의 빈 공간이 이번 여정을 통해 밝은 에너지로 가득 차길.

PART 1 호주, 브리즈번

헤매는 것이 여행

브리즈번에 도착했다. 호주 땅에 발을 디딘 것만으로도 너무 행복하다. 내가 정말 떠나오긴 했구나. 날씨는 얼마나 좋은지 추울까봐 걱정했던 것이 무색하게 따뜻한 기운이 나를 감쌌다. 본격적인 여행은 시작도 안 했는데 새로운 곳에 왔다는 것만으로도 이렇게 행복하다. 여행의 마법이 발동되기 시작했다. 그래, 나는 이렇게 행복할 줄 아는 사람이었지...

숙소로 가려면 공항에서 시내까지 이어진 에어트레인을 타고 이동해야 한다. 역무원이 플랫폼에서 티켓 검사를 하며 이야기한다.

"지금 공사 중이니 센트럴 역에 가려면 센트럴 역 다음 정거장에 내려서 버스를 타고 가야 해요."

들어보니 공사 중인 몇 개의 역은 멈추지 않고 그냥 지나가는 듯했다. 우리는 보웬힐역에서 하차하므로 보웬힐역도 멈추지 않고 지나가는지 알아내야 했다.

공항에서 숙소까지 가는 방법을 구글맵으로 검색했다. 구글맵은 갈아타지 않고 에어트레인을 탄 채 쭉 보웬힐역까지 가는 방법을 알려준다. 구글맵이 알려준 대로 가면 되겠지 싶으면서도 공사가 반영되지 않은 결과일까 봐 찜찜하다.

이럴 땐 확실히 하는 것이 무조건 좋다. 여행에서 긴가민가하면 정보를 정확히 알아보고 가는 것이 체력을 많이 아낄 수 있다. 호주 현지 앱인 트랜스링크로 다시 찾아봤다. 트랜스링크는 한국의 네이버 지도 같은 것이다. 검색하니 이글역에 하차해서 기차를 갈아타고 보웬힐역으로 가는 방법을 알려준다. 구글맵이랑 다른 결과가 나왔다.

그 사이 기차는 이글역 플랫폼에 들어서고 있었다. 만약 갈아타야 한다면 여기서 내려야 한다. 마음이 급해진다. 다행히 트랜스링크 공지사항에서 보웬힐역이 공사 중이라는 내용을 발견했다. 글을 보자마자 빠르게 캐리어를 챙겼고 다행히 기차가 이글역을 떠나기 전 내릴 수 있었다. 휴우. 여행은 원래 불확실한 것의 연속이다. 낯선 곳에서 직접 부딪히고 헤매며 세상을 배우는 것이 여행이다.

평범한 것을 특별하게

비행기에서 내리기 바로 전에 기내식을 먹어서 많이 배고프진 않지만, 다음 일정을 잘 소화하려면 지금 식사를 하는 것이 좋을 것 같다. 숙소에 걸어오는 길에 지나친 써브웨이가 떠올랐다. 간단히 먹을 수 있어 지금 먹기에 딱 맞다. 맛있게 풍기는 서브웨이 향을 맡으며 가게 안으로 들어갔다.

샌드위치 종류를 정해야 한다. 미국 써브웨이에서 처참히 실패한 경험이 있어서 이번엔 실패 확률 0.000001%인 무난한 메뉴로 고르고 싶다. 안전하게 베스트 메뉴 중 가장 위에 있는 치킨 클래식을 골랐다. 빵은 위트로, 치즈는 체다 치즈 살짝 토스팅하고 야채는 오이, 피클, 할라페뇨 빼고.

이제 가장 중요한 것이 하나 남았다. 소스는 뭐로 할지 고민이 됐다. 호주 스타일로 먹어볼까 해서 호주에선 어떤 소스가 인기 있는지 물었다. 치폴레, 바비큐, 스위트 어니언을 많이 먹는다고 한다. 뭐든 잘 어울리것 같아 또 고민하다가 치폴레랑 스위트 어니언으로 고르고 오늘 일정을 위해 에너지 드링크도 함께 주문했다.

샌드위치가 나왔다. 빵도 빠삭하게 잘 구워졌고 야채도 신선하다. 호주 써브웨이는 성공이다. 한국에서 먹었으면 그저 그랬을 맛인데 호주에서 먹으니 더맛있게 느껴진다. 여행 중에 맛있게 먹은 음식 대부분은 한국에서도 먹을 수 있는 맛이다. 그럼에도 불구하고 특별하게 느껴지는 것은 여행이기 때문이다. 여행은 평범한 것을 특별하게 만드는 힘이 있다.

도움의 선순환

본격적인 관광의 첫 장소는 론 파인 코알라 보호구역으로 세계 최대의 코알라 보호구역이다. 세상 모든 동물이 귀엽고 멋진 동물 러버인 나에게는 너무 기대되는 일정이다. 숙소에서 대중교통으로 한 시간 반 정도 걸리는 곳에 있고 버스를 한 번만 갈아타면 갈 수 있다.

버스를 타기 전 교통카드를 충전하기 위해 충전기 앞에 섰다. 호주 버스 요금을 몰라서 얼마나 충전해야 할지 고민이던 중 옆 계단에 앉아 계시던 아저씨가 말씀하셨다.

"여기는 모든 대중교통이 50센트예요. 버스, 전철, 페리 모두."

평소에 김하나 작가님과 황선우 작가님 두 분이 이야기를 나누는 '여둘톡'이라는 팟캐스트를 즐겨 듣는다. 한 번은 인류애가 대화 주제인 날이 있었다. 김하나 작가님이 여행지에서 느낀 인류애 경험과 선순환에 대해 이야기하셨다. 쿠바를 여행하던 작가님이 어느 금발 청년에게 도움을 받고 정말 고맙다고 이야기하자 그 금발 청년이 이렇게 말했다고 한다.

"하나, 나는 세계를 여행하며 너무 많은 사람들에게 도움을 받았어. 나는 그 도움을 다시 돌려주는 것뿐이야."

이야기를 듣던 중 어찌나 마음이 찡하던지. 역시 세상은 서로 돕고 살아야 살맛이 난다. 내가 받은 도움을 누군가에게 다시 돌려준다는 것은 정말 멋진 일이다. 여행지에서 당황스러운 상황을 겪게 되면 위축되기 쉽다. 말도 잘 안 통하고, 어느 것 하나 익숙하지 않은 낯선 환경은 나를 작아지게 만든다. 그럴 때 누군가의 도움이 굉장히 큰 힘이 된다.

나도 누군가에게 도움을 주는 삶을 살아야지. 내 도움이 누군가를 통해 또 다른 누군가에게 전해진다면 이것만큼 뿌듯한 삶이 또 있을까.

세상을 넓히는 중입니다

버스를 타고 가며 창밖을 보는 것을 좋아한다. 나에게 이것은 내 세상을 넓히는 일이다. 새로운 곳을 보거나 익숙한 곳의 어제와는 다른 오늘의 모습을 보며 세상을 넓혀간다. 나의 시선이 닿는 곳만큼 나의 세상도 넓어진다고 믿는다.

관광객을 가득 태운 버스는 굽이진 길을 이리저리 잘도 간다. 코알라 보호구역이 외곽에 있어 꽤 긴 시간 버스를 탔다. 도심에서 벗어난 브리즈번의 모습이 흥미롭다. 이곳에는 이런 식물들이 길에서 자라는구나, 이곳 사람들의 집은 이런 모양이구나. 창밖을 보며 호주의 구석구석을 눈에 가득 담았다.

나의 세상은 그렇게 조금씩 넓어지고 있었다.

나의 천국

생추어리를 둘러보다가 사람들이 모여 있는 곳을 발견했다. 그곳에 코알라가 있다는 것을 직감적으로 느꼈다. 곧장 그곳으로 갔다. 코알라를 보자마자 입을 틀어막았다. 생각보다 작다. 오물오물 열심히 나뭇잎을 먹고 있다.

너무 귀엽다고 내적 소리를 지르며(밖으로도 살짝 질렀다.) 카메라 버튼을 열심히 누르던 와중 무엇인가를 또 발견했다. 세상에 아기 코알라다. 엄마 코알라 품속에 아기 코알라가 안겨 있다. 눈물이 흐를 지경으로 귀엽다. 한참을 코알라 앞에 서 있다가 너무 아쉽지만 다른 곳도 봐야 하니 힘겹게 발을 떼었다.

생추어리에는 간단히 식사할 수 있는 천막이 쳐진 장소가 있다. 그곳엔 나무 기둥이 있었다. 왜 나무 기둥이 있을까 했는데 자세히 보니 코알라가 있다. 주변을 자세히 둘러보니 그제서야 코알라들이 눈에 들어온다. 여기가 코알라 천국이다. 대략 세어봐도 20 마리는 넘는다. 사람들이 식사하는 곳 바로 옆에서 코알라들도 먹이를 먹고 있다.

나무 여러 그루가 쭉 있고 그 위에 코알라들이 앉아 있다. 나의 흥분은 최고조에 도달했다. 여기가 코알라 천국이었어… 아니다. 이렇게 귀여운 코알라들이 많아서 내가 좋으니까 나의 천국이겠다.

코알라는 잠을 많이 자서 움직이는 모습을 보기 어렵다던데 우리가 본 코알라들은 모두 활발했다. 밥때 인지 자리를 옮겨가며 열심히 나뭇잎을 뜯고 있다. 그때 한 코알라가 나무를 내려와서 뛰어가 다른 나무에 올라가는 것이다. 느림보인 줄 알았는데 생각보다 빠르다. 움직이는 코알라를 보고 강이가 말했다.

"코알라가 나무에서 내려오는 모습을 보면 운을 다 쓴 거래."

코알라가 우리를 환영해 주는 느낌이다. 내가 어떤 마음으로 호주에 왔는지 아는 것일까? 잘 왔다고, 왔으니 마음껏 즐기라고 이야기해 주는 것 같았다.

행복은 멀리 있지 않다는 것을 느낀다. 귀여운 것을 바라보는 것만으로도 이렇게 행복할 수가 있다. 일상에서는 매 순간이 새롭기 힘들고 사는 것도 벅차 행복을 자주 잊는다. 여행은 그런 일상의 행복을 일깨워 준다. 행복은 멀리 있지 않다는 것을 가르쳐 준다. 그래서 여행이 좋다.

그런 네가 좋아

호주에 왔는데 캥거루를 빼놓을 수 없지. 캥거루는 어떤 모습을 하고 있을까? 복싱으로 다져진 탄탄한 몸매에 땅을 지탱하는 단단한 꼬리를 가진 모습을 상상해 본다. 캥거루가 써진 표지판이 가리키는 방향을 따라 걸었다. 푸른 잔디밭 끝에 캥거루가 보인다. 여기선 펜스가 없어서 캥거루가 들판을 자유롭게 돌아다닌다.

캥거루를 가까이서 보기 위해 잔디밭을 가로질러 가던 중 혼자 떨어져 있는 아기 캥거루가 눈에 들어왔다. 우리는 아기 캥거루에게 다가가 한참 바라봤다. 시간이 꽤 지나고 이제 캥거루가 많이 모여있는 곳에 가고 싶은데 강이는 그곳에 가는 것보다 이 친구를 보는 것이 좋다고 한다. 그래서 강이는 놔두고 혼자 다른 캥거루들을 보러 갔다.

캥거루가 50 마리는 될 것 같다. 다들 나른하게 오후 햇빛을 받으며 땅에 누워 쉬고 있다. 자는 폼은 얼마나 웃긴지 한쪽 팔을 옆에 끼고 있는 모습을 보니 웃음이 튀어나온다. 깡충깡충 뛰어가는 캥거루를 직접 보는 날이 오다니. 꼬리가 엄청 단단해 보인다. 여기는 캥거루 천국이군...

혼자 한참을 구경했는데도 강이가 오지 않는다. 다시 강이에게 갔다. 누가 봐도 캥거루랑 교감하려고 옆에 앉아 추파를 던지고 있는 듯한 사람의 뒷모습이 보인다. 강이는 먹이를 주며 캥거루가 놀라지 않게 조심스럽게 다가갔고 결국 쓰다듬기에 성공했다.

캥거루가 사람과 친근해 자유롭게 만질 수 있는 곳이었는데 그걸 몰랐던 강이는 아기 캥거루가 놀랄까 아주 조심스럽게 다가갔던 것이다. 너무 강이 같은 행동이라 웃음이 난다. 강이는 그렇게 한참을 아기 캥거루 옆을 지켰다. 캥거루가 혼자 떨어져 있어서 더 마음이 쓰였던 걸까. 강이는 그런 사람이다. 혼자있는 것에 마음이 쓰이는, 먼저 손 내밀어주는 그런 사람이다.

내가 그래서 너를 좋아해
나와는 많이 다른 너의 모습이 좋아
언젠가 강이 동생이 "저래도 좋아요?"라고 물어본 적이 있어
그랬더니 강이 아버님께서 "저래서 좋아하는 거야."라고 하시더라
그땐 웃어넘겼지만, 맞아 그래서 나는 너를 좋아해
세상을 살다 보면 성격이 바뀌기도 하잖아?
그래도 너만은 지금 모습을 꼭 간직했으면 좋겠어

내게 들려주고 싶은 말

태연의 '내게 들려주고 싶은 말'이라는 곡을 좋아한다. 멜로디도 좋지만 가사가 특히 마음에 든다. 나는 나를 사랑하고, 나를 믿는다는 메시지가 좋다. 내 옆에는 사랑하는 가족들도 있고 아끼는 친구들도 있지만 결국 내가 나를 사랑하고 믿어야 잘 살아갈 수 있다. 실제로 그런 사람들은 자신에 대한 믿음이 있어서 잘 무너지지 않고 어려운 상황도 잘 헤쳐나간다.

요즘의 나에게 필요한 마음이다. 그런데 나를 사랑하는 것도 힘이 있어야 가능한 것이었다. 최근에는 나를 믿고 사랑할 힘조차 없었는데 이제는 조금 힘이 생긴 것 같다. 힘들수록 내가 나를 믿어줘야지.

나는 너를 믿어 너는 뭐든지 할 수 있고 뭐든지 될 수 있어 그러니까 힘내자. 내가 세상에서 가장 응원해.

노래하듯 나에게도 들려주고 싶은 그 말
I love myself I trust myself
내겐 없었던

길었던 어둠을 견딘 나를 봐
또다시 밤이 와도 숨지 않아
내 곁엔 내가 있어
밝아올 하늘 그 위로
퍼져가는 빛이 되어 난 날아가

언젠가는 나에게도 들려줄 수만 있다면
I love myself I trust myself
기억해줄래

I trust myself
기억해줘

I love myself I trust myself
나를 안아줄 그 말

-태연, 내게 들려주고 싶은 말-

색다른 추억

마트에서 계산하고 나왔는데 짐이 많다. 체력도 고갈됐고 이 상태로 숙소까지 걸어가기엔 무리다. 호주에는 라임이나 빔즈 같은 전기자전거, 전동 킥보드가 길에 많다. 어떻게 돌아갈지 고민하다가 전기 자전거를 타기로 했다. 자전거 바구니 가득 짐을 싣고 헬멧을 썼다. 출발 준비 완료!

호주에서 전기자전거를 탈 줄이야. 한국에서 나와 강이는 자전거를 타고 자주 돌아다녔다. 강이가 자전거를 좋아해서 덕분에 나도 자전거에 조금 익숙하다. 숙소로 돌아가는 길에 긴 오르막길이 있는데 전기 자전거로 쉽게 오르니 좋다.

시원하게 가르는 밤바람이 선선하다. 걸어갔으면 힘들어서 대화 한마디 없이 숙소에 도착했을 텐데. 짐이 많아서 우버를 타는 것이 낫지 않을까 생각도 했다. 하지만 우버는 비싸기도 하고 무엇보다 호주에서 자전거를 타는 것이 색다른 추억이 될 것 같았다.

여행 중엔 잘 하지 않던 행동도 용기를 내서 하게 된다. 여기까지 왔는데 한번 해보자는 마음으로 시도한다. 평소에 나라면 안전한 우버를 선택했을 거다. 하지만 여기는 호주고, 자전거를 잘 타는 강이도 있고 문제 될 것이 없다.

자전거를 타길 잘했다. 헬멧을 쓴 우리 모습은 웃기고 시원한 바람을 느끼는 것은 기분을 좋게 했다. 전기 자전거라서 페달을 밟을수록 자전거는 더 힘을 냈고 우리는 더 세차게 바람을 가르며 숙소로 향했다.

자전거 반납을 마치자 핸드폰에 알림이 온다. 자전거 이용료 안내 알림이다. 알림을 확인했는데 당황스럽다. 둘의 결제 내역을 합치니 1만 3천 원이다. 이 정도면 우버가 더 저렴하다.

잠시 멍했지만 곧 어이없는 이 상황이 너무 웃겼다. 우버를 타면 더 편했겠지만 호주의 시원한 밤바람을 느끼며 자전거를 타는 경험을 못 했겠지. 아이러니하게도 우버보다 비싸다는 것이 자전거를 탄 경험을 더욱 특별하게 기억할 수 있도록 해줬다. 마치 잔잔한 영화 끝의 반전 같은 느낌이랄까.

부모님의 마음

여행을 간다고 하니 부모님은 말리지 않으셨다. 공부해야지 어디 가냐는 말은 일절 하지 않으셨다. 오히려 용돈을 주시며 잘 다녀오라고 하셨다. 자식이 넓은 세상을 경험하길 바라는 마음일까, 자신은 하지 못했던 것을 자식은 다 하면서 살길 바라는 마음일까.

학창 시절부터 부모님은 내게 공부하라는 말도 하지 않으셨다. 옆에서 묵묵히 내가 가려는 길을 도와주셨다. 아빠는 항상 부지런히 일터에 나가셨다. 지금도 눈이 오던 비가 오던 매일 새벽에 일어나 나가신다.

내가 고등학생 때 엄마는 초보운전이라 무서운데도 나를 매일 차로 학교에 데려다주셨고 학원이 끝나는 시간에 맞춰 데리러 와 주셨다. 나는 그런 엄마에게 왜 이렇게 늦게 왔냐고 뭐라 하기도 했다. 지금 생각하면 왜 그랬을까 철도 없지 싶다.

여전히 나는 그렇게 살가운 딸은 아니다. 그래도 언제나 우리 아빠 엄마가 내 부모님이라서 감사하다. 나는 살면서 다 못 갚을 정도로 큰 사랑을 부모님께 받았다.

말로는 못 해서 항상 글로만 전하지만 내 마음 알지?
고맙고, 사랑해!

Moreton Island

호주는 하루만 패키지처럼 가이드와 버스를 타고 관광하는 일일투어가 많다. 멀리 있는 곳이나 혼자 가기 힘든 곳은 일일 투어를 하면 좋다. 브리즈번 일일투어 중에는 모튼 아일랜드 투어가 있다. 모튼 아일랜드는 세계에서 세 번째로 큰 모래 섬으로 바다와 사막을 한 번에 느낄 수 있는 곳이다.

모튼 아일랜드에서는 쿼드 바이크를 타거나 난파선 스노클링을 할 수 있는 투어들이 있다. 쿼드 바이크는 한국에서도 탈 수 있고, 스노클링을 하기에는 추울 것 같아 사막 사파리 투어를 예약했다. 이 투어에는 섬으로 향하는 왕복 배와 음료 바우처, 점심 바우처, 샌드보드 체험이 포함 되어있다.

오전 7시까지 섬으로 들어가는 배를 탈 항구로 가야 해서 6시에 일어났다. 알람을 끄고 방에서 나와 밖을 보니 해가 떠오르고 있다. 기다렸던 일정이어서 그랬을까 피곤할 줄 알았지만 생각보다 괜찮다. 한국에선 더 자고 싶은 마음만 들었는데 이곳에선 하루하루가 기대되니 일찍 일어나는 것도 문제없다.

어젯밤 미리 씻고 짐도 챙겨 놓은 덕분에 간단히 준비를 마친 후 곧바로 택시를 타고 항구로 향했다. 늦지 않게 도착해서 배를 타기까지는 시간이 남아 어제 사 놓은 치킨 아보카도 샌드위치를 꺼냈다.

"샌드위치 맛있다! 빵이 맛있는데? 근데 생각보다 안 피곤하다 그치?"

그러고선 배에 타자마자 기절했다. 한 시간 좀 넘게 배를 타고 가는데 섬에 거의 다 도착해서야 일어났다. 분명 안 피곤했는데. 그래도 배에서 잔 덕에 오늘 체력을 충전했다. 잠에서 깨 창밖을 보니 새파란 바다만 있다. 섬에 간다는 것이 이제야 실감 난다.

배가 멈추고 선원들이 선착장에 내려 밧줄을 묶는다. 승객들은 차례대로 배에서 내린다. 배에서 내리자 여기가 파라다이스구나 싶다. 휴양지 관광 홍보 영상에 나오는 그런 섬의 모습이었다. 꽃보다 남자에 나오는 헬기 타고 구경하는 그런 섬? 한 발짝 걸을 때마다 감탄이 튀어나온다. 바닷물이 이렇게 투명해? 날씨는 왜 이렇게 좋은 거야?

우리는 모든 아일랜드 서쪽의 탕갈루마 리조트에 내렸다. 바우처를 교환하기 위해 곧바로 리조트 리셉션으로 갔다. 신기하게도 리셉션에 있던 직원이 한국분이다. 여기에도 한국인 직원이 있다니! 진짜 삶의 모습은 무궁무진 하구나. 덕분에 수월하게 설명을 들었다.

직원은 책자를 주며 주변 편의시설과 샌드보드를 타러 가기 위해 모여야 하는 장소에 대해 설명해 주셨다. 사막투어는 오후에 진행돼서 그 전까지는 자유 시간이다. 이제 오전 아홉 시 조금 넘었으니 시간이 꽤 남았다.

바다를 조금 걷다가 탕갈루마 리조트 안의 카페로 갔다. 바람이 많이 불어서 조금 쌀쌀했기에 따뜻한 라떼를 주문하고 자리에 앉았다. 나는 평소 아메리카노보다 라떼를 즐겨 마신다. 호주 라떼가 맛있다는 이야기를 들어서 라떼를 마시는 것이 호주 위시리스트 중 하나였다. 얼마나 맛있을까? 조심스럽게 한 모금 마셨다.

맛있긴 한데 요즘 한국도 맛있는 커피가 많아서 그런지 특별히 맛있는지 모르겠다. 여기는 쏘쏘. 한국으로 돌아가기 전 꼭 맛있는 라떼를 맛볼 수 있으면 좋겠다고 생각했다.

의미 없지 않아

지금 나는 이 큰 지구에 내가 나아갈 좁은 길 하나 없는 느낌이야
발을 내딛고 싶은데 어디로 내딛을지도 모르겠어
길이 있긴 한 걸까?

나는 나대로 머물러있기 싫어서 나름 발버둥을 쳤는데
바뀐건 아무것도 없었어

성과가 보이지 않아서 쓰리긴 하지만
그래도 발버둥이 의미 없다고 생각하진 않을래
뭐라도 하면 결국 내 안에 다 쌓이더라고

있잖아 내가 좋아하는 책에 이런 이야기가 있어
꼭 위로 높아지는 것만이 정답은 아니라고 옆으로 넓어질 수도 있다고

나도 지금 위로 높아지고 있지는 않지만
옆으로 넓어지는 중이 아닐까하는 생각이 들어
만약 너의 행동에 결과가 따르지 않아서 무의미하게 느껴진다면
이 이야기를 떠올렸으면 좋겠다

크림향 파스타

섬 안에 식당이 많지 않아서 사람이 몰리기 전에 이른 점심을 먹기로 했다. 오전 11시, 식당이 열자마자 주문을 했다. 햇빛은 따듯하고 바람은 선선한 완벽한 날씨를 놓칠 수는 없지. 바깥에 자리를 잡았다. 얼마 지나지 않아 음식이 나왔다. 파스타를 먹은 강이에게 맛있는지 물으니 애매한 표정만 짓는다. 크림 파스타도 실패할 수 있나? 보기엔 진짜 맛있어 보이는데.

나도 바로 한입 먹었다. 강이의 반응이 바로 이해됐다. 파스타에서 아무 맛도 안 났다. 무맛. 당황스러웠다. 우리는 어떻게든 수습해 보려고 셀프 코너에 있던 후추와 소금을 뿌렸다. 아주 살짝 나아졌다. 이럴 수가. 크림 파스타가 어떻게 이럴 수 있어. 내가 그동안 먹은 파스타는 소금이 얼마나 들어간 거야?

그나마 위에 뿌려진 치즈와 함께 먹으면 좀 낫다. 호주 사람들은 이런 맛에 익숙한 걸까? 내가 훨씬 더 맛있게 만들 수 있을 것 같은데. 먹다 보니 익숙해지는 것 같기도 하고.

파스타 맛은 당황스러웠지만 그래도 기분은 최고였다. 완벽한 날씨에 멋진 풍경을 바라보는 것만으로도 행복하기엔 충분하다. 행복의 조건은 그리 거창하지 않다. 너무 좋아서 시간은 멈추지 않는다는 걸 알면서도 이 순간이 영원하면 좋겠다고 생각했다.

시도하지 않으면 알 수 없다

드디어 샌드 보드를 타러 갈 시간이 되었다. 사막에 가기 위해선 버스를 타고 이동해야 한다. 버스를 타고 가는 동안 가이드님의 설명을 들으며 사막을 상상했다. 파란 하늘에 붉은 모래의 모습이 떠올랐다. 바다 한가운데의 섬에 사막이 있다는 것이 가능하긴 한가?

사막은 선명하게 자신의 존재를 나타냈다. 사막에 도착하자 가이드님이 신발을 벗고 버스에서 내리라고 하셨다. 계단을 내려오자 차가운 모래 알갱이들이 고스란히 발에 닿았다. 그늘에 있는 모래를 밟으니 꽤 차갑다. 낮은 온도 때문인지 부드러운 모래알의 촉감이 더욱 잘 느껴진다.

고개를 들어 앞을 바라보니 거대한 모래언덕, 그 위에 구름 한 점 없는 푸른 하늘이 눈에 들어온다. 날이 청명하고 모래와 하늘의 대비가 뚜렷해 초고화질 화면을 보는 듯하다. 카메라로 찍은 듯한 선명한 풍경이 펼쳐져 있다.

'내가 사막에 왔구나.'

사막과 첫인사를 마친 후 나의 썰매가 되어 줄 좁고 긴 직사각형 모양의 얇은 나무판자를 받아 들고 모래언덕을 올랐다. 올라가는 것이 힘들 것이라고 예상했지만 이렇게 힘들 줄은 몰랐다. 정상에 오르니 약간 가쁜 숨이 올라온다. 숨을 고르며 내 차례를 기다렸다.

위에서 내려다보니 언덕이 생각보다 높다. 조금씩 무서워진다. 꼭 타고 싶던 샌드 보드인데 못 내려갈 것 같은 생각이 든다. 여기서 못 하겠다고 할 수도 없고. 진퇴양난이다. 그런데 내 앞 차례에 4살 정도 되어 보이는 아이가 보드를 타고 내려가는 것이다.

'어린아이도 타는 걸 이건 아무것도 아니야. 여기까지 왔는데 안 탈 순 없지. 한 번만 눈 딱 감고 타보자.'

내 차례다. 이제 물러날 곳도 없다. 생각하기를 멈추고 하라는 대로 했다. 보드를 모래 위에 올려두고 그 위에 누웠다. 보드 앞부분을 팔꿈치와 함께 들면 하강 준비 완료. 가이드님이 발을 잡고 밀어준다. 하강! 슈우우웅~ 푸아아아압. 모래 다 먹었다.

모래 범벅이 되었지만 기분은 상쾌했다. 미끄러지기 시작하는 순간 두려움은 없어지고 즐겁기만 했다. 생각보다 안 무섭고 너무 재밌다. 포기했으면 이 재밌는 걸 평생 몰랐을 것이 아닌가. 한 번만 딱 한 번만 이겨내면 이렇게 즐거운 세상이 시작된다.

빨리 또 타고 싶어서 곧바로 보드를 챙겨 모래 언덕을 다시 올랐다. 아…맞다…. 언덕 오를 때 진짜 힘들었지. 진심으로 생각보다 더 힘들다. 처음 오를 때는 버스에서 정상까지라 완만했는데 이제는 가장 밑에서 언덕을 올라야 해서 더 경사가 높다. '정상까지 올라갈 수 있는 거 맞아?'라는 생각이 저절로 든다. 경력자 강이의 팁은 앞사람이 지나간 곳을 밟는 것. 그런 곳은 모래가 조금은 단단해서 덜 힘들다. '그래. 그냥 얻는 건 없지' 생각하며 한 발 한 발 땅만 보며 걸었다.

두 번째 시도. 이번엔 두려움이 하나도 느껴지지 않았다. 기대뿐이었다. 곧바로 준비 자세를 취했고 다시 한번 힘차게 미끄러져 내려갔다. 그렇게 네 번을 탔다. 네 번밖에 못 탔냐고 할 수 있지만 많이 탄 편이다. 다시 한번 말하지만 올라가는 길이 정말 힘들다. 후회 없이 즐겼으니 됐다. 그렇게 나에겐 즐거운 경험과 멋진 사진 그리고 털어도 털어도 계속 나오는 모래가 남았다.

처음 언덕 위에 올랐을 땐 무서웠지만 용기를 내서 보드를 탔다. 그 후에는 어렵지 않았다. 무언가를 처음 할 땐 용기가 필요한 법이다. 그 과정과 끝에 무엇이 있을지 모르니 두렵지만 그렇다고 시작도 하지 않으면 결과를 평생 알 수 없다. 두려워서 안 하고 후회하는 것보다 도전하는 것이 낫다. 결과가 생각과 다르더라도 과정이 생각보다 힘들더라도 경험은 나에게 남아 큰 자양분이 된다.

트러플 파스타 한 입 추억 한 입

저녁 식사를 하기 위해 브리즈번 시내에 있는 화덕피자 맛집에 왔다. 메뉴판을 보고 무엇을 주문할지 고민했지만 결국은 베스트라고 적힌 프로슈토 피자와 역시나 베스트라고 적힌 곤치니트러플머쉬룸 파스타를 주문했다.

파스타가 나왔는데 보통의 긴 면이 아니다. 동그란 모양의 면이라고 부르기도 애매한 파스타다. 호주에만 있는 파스타인가? 파스타 종류는 워낙 다양하니까. 먹자마자 입안에 트러플 향이 퍼진다. 식감은 옹심이 느낌이다. 굉장히 쫀득하다.

알고 보니 내 마음대로 곤치니라고 읽었던 이 메뉴가 뇨끼였다. 뇨끼를 이탈리아어로 'Gnocchi'라고 표기한다. 뇨끼의 이탈리아어 표기를 처음 봐서 전혀 몰랐다. 뇨끼라고 하기에는 굉장히 쫀득해서 새로운 파스타인 줄 알았는데.

옹심이 만큼 쫀득한 식감이 새로워서 좋다. 게다가 추억이 담긴 트러플 파스타라서 더 좋았다.

트레이더스는 음식 가격이 저렴한데 맛도 좋아서 강이와 내가 학생일 때 종종 가서 식사를 했다. 그곳에서 좋아했던 메뉴가 트러플 머쉬룸 빠네였다. 크림이 진하고 트러플 향도 많이 났다. 저렴한 가격에 어떻게 이런 맛을 어떻게 내냐며 감탄하면서 먹었다. 오랜만에 함께 트러플 파스타를 먹으니 그때 생각이 난다.

이제는 트레이더스에서 그 메뉴가 사라졌다. 더 이상 맛 볼 수 없는 추억의 음식이 되었지만 트러플 파스타를 먹을 때면 그 때의 추억이 떠올라 마음이 몽글몽글해 진다.

버스를 타고 우리가 자주 갔던 곳들을 지나가면 그때 생각이 많이 나
따릉이를 빌려서 바구니에 가득 장 보고 돌아가던 순간
함께 자전거 타고 등교하던 순간
산책하다가 아이스크림 할인점에서 아이스크림을 사 먹었던 순간
편의점 고양이들과 인사하던 순간
스타벅스에서 같이 공부하던 순간
공부만 하면 꾸벅꾸벅 조는 너의 사진을 찍어 놀리곤 했지

여기에 다 적을 수 없을 만큼 많은 순간을 함께 보냈어
참 많은 곳에 우리의 추억이 있다
그때 우린 가진 건 없어도 정말 재밌게 하루하루를 보냈는데
앞으로는 그때와 똑같은 행복을 느낄 순 없겠지?
그때만 느낄 수 있던 풋풋하고 소박한 행복들이었어
그래서 아쉽다기보단, 그런 순간을 간직할 수 있어서 감사해
서로에게 서로 밖에 없던, 매 순간 함께였던 그런 순간들을

오늘의 내가 너무 빛나서

어느 날은 아침에 눈을 떠 시간을 보니 여덟 시였다. 가장 먼저 든 생각은 아직 8시 밖에 안됐어? 라는 생각이었다. 더 잘 수 있어서가 아니라 오늘 보내야 할 시간이 길어서, 눈 뜨면 10시는 됐으면 좋겠는데 오늘은 또 어떻게 시간을 때워야 할까 싶어서 든 생각이다.

이런 생각이 든것을 문득 깨닫자 겁이 났다. 내 삶이 정말 망가지고 있다는 신호였다. 이대로는 안 되겠다는 생각이 들었다. 너무나 소중한 내 삶을 이렇게 보내고 싶지 않았다. 그래서 떠나기로 했다.

우울하기엔 인생에서 오늘의 나는 가장 빛날 시간이니까.

여유로운 하루

호주에 도착하고 숨돌릴 틈 없이 여행했더니 오늘은 여유로운 하루를 보내고 싶다. 평소 일정을 빼곡하게 채워 여행하지 않고 하루이틀 정도는 일정에 여유를 둔다. 그런 날은 걷고 싶은 곳들을 걸으며 여행지의 보통의 순간을 만나는 날이다. 이번 여행에선 오늘이 그런 날이 될 것 같다.

알람을 맞추긴 했지만 늑장 부리며 천천히 일어났다. 오늘은 시간이 많으니 그동안 아침을 책임진 시리얼 말고 다른 음식을 먹고 싶다. 옷을 갈아입고 아침 식사를 위한 장을 보러 가기 위해 숙소를 나섰다. 이번엔 우버나 대중교통을 이용하는 대신 뛰어가기를 택했다.

요즘 운동을 열심히 한 터라 체력에 대한 자신감도 있다. 2킬로미터 거리에 있는 울월스가 오늘 목적지다. 그런데 뛰기 시작한 지 얼마 되지 않았는데 숨이 가빴다. 게다가 강이는 달리기를 잘해서 따라가기가 벅차다. 중간에 있는 신호등이 얼마나 반갑던지.

가뿐히 뛰는 멋진 모습은 아니었지만 그래도 좋았다. 차를 타고 빠르게 지나다닐 땐 그냥 지나치기 쉬운 것들도 눈에 담을 수 있었다.

한정된 시간 안에 많은 일정을 소화하기 위해 빨리 이동하는 것도 중요하지만 가끔은 이런 시간을 갖는 것이 참 좋다.

숙소로 돌아와 식사를 했는데 배가 불러 졸음이 몰려와 낮잠을 잤다. 호주에 와서 못 잔 잠을 다 잔 것 같다. 푹 자고 눈을 뜨니 오후 2시다. 여기서 더 자는 건 안 되지. 일어나서 나갈 준비를 하고 브리즈번 시내에 있는 공원으로 향했다.

강가에 오니 선선한 바람이 분다. 벤치에 앉아 책을 읽는 사람들. 강아지와 산책하는 사람들이 보인다. 인공해변에 도착하니 사람이 많다. 물놀이를 하는 사람도 있고, 모래 위에 누워 음악을 듣는 사람도 있다. 이곳에 사는 사람들이 모여 호주의 진짜 분위기를 만들어냈다.

호주는 이런 곳이구나. 여기 사람들은 이런 삶을 사는구나. 여유로운 느낌이 좋다. 유명한 관광지를 구경하는 것도 좋지만 느긋하게 걸으면서 진짜 호주의 삶은 어떤 것인지 느껴보는 것도 매력 있다. 어쩌면 그럴 때 더 보석 같은 호주의 모습을 발견할지도 모른다.

나의 방향

여행하며 다양한 세상을 경험하면 나의 삶이 내가 살고 있는 세계의 틀에 맞춰졌다는 것을 느낀다. 그 울타리를 넘어 나오면 이렇게 큰 세상이 있다. 삶의 방식에 정답은 없다. 내가 하고 싶은 것을 옳은 방향으로 이뤄가는 것이 전부다. 각자 저마다 삶의 방향이 있는 것이다. 그것은 남들이 정하는 것이 아니라 내가 정하는 것이다.

누가 정한 것인지 모를 규칙에 갇히지 않도록 항상 유의해야 한다. 세상이 흐르는 방향이 전부 맞는 것은 아니기에. 내가 진정 원하는 삶을 계속 생각해야 그 삶을 향해 갈 수 있다. 우리가 틀린 것이 아니다. 우리의 시선으로 세상을 볼 뿐이다.

그러니 겁먹지 말고, 주눅 들지 말고, 원하는 삶을 살길...!

1024일 기념 파티

호주 여행 둘째 날은 강이와 내가 만난 지 1024일 되는 날이다. 강이가 우리는 이과니까 1024일을 기념하자 그런다. 여행을 왔으니 끼워 맞춘 것이지만 꼭 백단위의 날만 의미 있는 것은 아니니까. 우리가 의미를 만들면 그날은 특별한 날이 되는 거다.

그렇게 시작된 우리의 1024일 기념 축하 파티. 파티를 위해 작은 레몬 치즈케이크를 사 왔다. 저녁 식사를 마치고 케이크를 꺼냈다. 그런데 초가 없다. 기념일에 케이크는 없더라도 꼭 불을 꺼야 하는 사람이 바로 나다. 초를 꺼야 축하를 완성한 느낌이다. 대체할 것을 찾다가 한국에서 분위기 내려고 가져온 오백 원짜리 향초로 대신하기로 했다. 케이크 옆에 켜놓고 불만 끄기로 했다.

그런데 이번엔 불을 붙일 것이 없다. 라이터도, 성냥도 없다. 데스크에 물어보려 했지만 시간이 너무 늦었다. 이미 데스크가 닫았을 시간이다. 결국 불도 못 붙이고 서로 앞으로도 잘 해보자는 간단한 덕담을 나누는 것으로 마무리했다. 화려한 케이크가 있는 것도 아니고, 촛불 하나도 없는 어설픈 축하 파티였지만 그래서 더 의미 있는 기념일이었다.

딱 떨어지는 날짜와 멋진 케이크 그리고 초는 중요하지 않다.
기념일을 함께하는 사람만 있으면 됐지.

느린 걸음이 보여주는 것

나는 길을 걸을 때 주변 구경을 잘 한다. 걸음이 아주 느린 편이라 그런지 주변이 눈에 잘 들어온다. 여행 중에도 어김없이 발동되는 이 특기 덕에 예기치 못하게 즐거운 장면을 종종 목격한다.

사우스뱅크에서 이동하기 위해 버스정류장으로 걸어가던 중 노란 꽃다발을 들고 앉아 있는 뽀글 머리 소년이 눈에 띄었다. 소년의 얼굴이 기대와 설렘으로 가득하다.

'여자 친구한테 줄 건가 보다! 귀엽네.'

길을 잘못 들어서 돌아가는 길에 뽀글 머리 소년을 다시 마주쳤다. 이번엔 꽃다발을 들고 엘리베이터 앞에 서 있다. 엘리베이터 문이 열리고 사람들이 내린다. 그중 한 소녀가 웃으며 소년에게 다가간다. 여자 친구인 것 같았다.

소년은 세상을 다 가진 듯 활짝 웃으며 수줍게 소녀에게 꽃다발을 내민다. 소녀는 꽃다발을 받아 들고는 소년을 꼭 안아줬다. 어찌나 풋풋하고 귀엽던지! 주책맞게 계속 미소가 번진다. 나도 저럴 때가 있었는데 풋풋하다. 마치 첫사랑 영화의 한 장면을 보는 느낌이다.

걸음이 느리면 목적지에 늦게 도착할 수도 있지만 덕분에 놓치기 쉬운 장면들을 보기도 한다. 그래서 나는 나의 걸음걸이가 좋다. 삶을 살아가는 것 또한 마찬가지다. 느리게 사는 삶의 장점도 많다. 더 많이 경험하고, 더 깊게 느낄 수 있다. 오늘 내 느린 걸음 덕분에 사랑스러운 호주를 마주한 것처럼.

나만의 보물 지도

보타닉 가든에 도착한지 얼마 되지 않았지만 더운 날씨 때문인지 조금 걸었을 뿐인데 금방 지쳐버렸다. 아무래도 시원한 커피가 필요하다. 보타닉 가든은 이만하면 됐다는 결론을 내리고 버스에서 내려 걸어오는 길에 봐 둔 커피숍으로 향했다.

이 커피숍은 건물 모퉁이의 두 평 남짓한 아주 작은 공간이었는데도 눈에 띄는 곳이다. 커피 맛집의 분위기를 폴폴 풍긴다. 자그마한 가게 옆 주차장에는 앉아서 커피를 마실 수 있도록 초록색 우유 상자에 방석을 올려 만든 간이 의자가 놓여있다. 이렇게 멋스러울 수가 있다니! 건물 뒤 주차장 한 곳에 야외 테이블이 있을 수 있냐는 말이다. 정말이지 자연스럽고 캐주얼한 매력이 넘치는 커피숍이다.

주문을 위해 나눈 잠깐의 대화에서도 느껴지는 사장님의 밝은 에너지 덕에 커피를 마시지 않아도 기운이 나는 느낌이었다. 우리는 당연히 아이스 롱블랙을 주문했다. 우리에게는 지금 꿀떡꿀떡 마실 수 있는 시원한 아이스 롱블랙이 간절했다. 잠시 쉬어가기 위해 커피를 받고 우유 상자 의자에 앉았다.

커피는 산뜻하고 맛있었다. 호주 커피답게 산미가 강했다. 평소에 산미 있는 커피를 즐기지 않지만 지금만큼은 이 아이스 롱블랙이 나에게 세상에서 가장 맛있는 커피다. 그늘에 앉아 커피를 마시니 이제야 살 것 같다.

이번 여행에서는 유명한 식당이나 카페를 미리 찾지 않았다. 여행을 하며 눈에 띄는 곳에 가서 직접 부딪히는 재미를 느끼고 싶었다. 인터넷의 도움을 받지 않고 스스로 맛집을 찾아냈을 때 뿌듯함이 있다. 그렇게 찾아낸 맛집은 나의 지도에 저장된다. 차곡차곡 쌓이는 리스트를 보면 얼마나 뿌듯한지, 세상 어느 보물 지도와도 바꾸지 못할 나만의 보물 지도에 오늘도 한 곳 추가다.

What a lucky trip!

호주에 왔는데 물놀이를 빼놓을 수 없지. 오늘은 사우스뱅크 인공해변에 물놀이를 하러 가는 날이다. 호주까지 와서 수영을 바다가 아니라 인공해변에서 하는지 궁금할 수도 있지만 모래사장은 당연하고, 얼마나 재현을 잘해놨으면 여기가 진짜 바다라고 생각하는 것인지 갈매기도 있다.

샤워 시설 겸 탈의실까지 넓고 깔끔하게 잘 되어있으니 편리성까지 갖췄다. 다채로운 바다의 풍경과 수영장의 깔끔한 시설을 누릴 수 있는, 각각의 장점만 섞어 놓은 곳이 바로 이곳 인공해변이다. 수영복으로 갈아입고 선크림을 꼼꼼히 발랐다. 준비는 끝났다. 조심스럽게 수영장에 발을 담갔다.

깊이가 얕은 곳부터 깊은 곳까지 다양하다. 공을 주고받는 커플, 모래성을 쌓는 가족, 혼자 모래사장에 누워 햇볕을 쬐며 책을 읽는 사람. 각자 다양한 방식으로 시간을 보내고 있다. 오늘만큼은 나도 이들의 일부가 되어 재밌게 놀아야지.

스노클링 장비를 쓰고 물속에 들어가 헤엄치고, 강이한테 수영도 배우며 놀고 있는데 한 외국인이 다가와 핸드폰을 내밀며 묻는다.

"이거 당신 건가요?"
'우리는 핸드폰을 풀장 안에 안 가져왔는데...'
"아니요, 저희 거는 아닌데..."

그러자 핸드폰 배경화면을 모여주며 묻는다.
"이거 어느 나라 말인지 알아요?"

배경 화면을 보니 떡하니 한국어가 있다. 어? 한국어인데? 다른 한국 분들도 있어서 그분들 핸드폰이겠다고 생각했다. 그런데 배경 화면이 익숙하다. 그것도 너무 익숙하다.

헉. 강이 폰이다.

"저희 핸드폰이 맞아요! 너무 고마워요!"
"제가 잠수를 했는데 바닥에 핸드폰이 떨어져 있었어요."
"정말 고마워요!!"

아무리 방수여도 그렇지 풀장에 핸드폰을 들고 온 것이 이해가 안 돼서 강이에게 어떻게 된 것인지 물었다. 핸드폰을 주머니에 넣어놓고 깜빡했단다. 으이구.

여행은 여러 조각이 모여 완성 된다. 이 조각들엔 나와 너 그리고 그들이 있다. 그들 덕분에 나의 여행이 이루어질 수 있었다. 이름도 모르는 어디서 왔을지도 모를 우리에게 마음을 써준 그들에게 고맙다는 인사를 전한다.

좋은 생각, 좋은 느낌

여유가 사치라고 느껴진 지난 날들이었다. 나는 언제나 여유를 외치고 다니는 사람이었는데. 그래서 그런지 호주에 가면 꼭 브런치를 먹으면서 여유로운 시간을 보내고 싶었다.

오늘 드디어 그토록 바랐던 순간을 위해 카페를 찾았다. 괜찮아 보이는 곳 중 인테리어가 가장 마음에 드는 곳으로 내 취향만 백 퍼센트 반영해 결정했다. 오늘은 여유라는 사치를 맘껏 부려보기로 마음먹었다.

구글맵이 알려주는 대로 걸어가는데 카페가 꽤나 구석진 곳에 있다. 점점 인적이 드물어져 생각과 다른 곳이면 어쩌나 걱정됐다. 이러면 안 되는데 나 오늘 마음먹었는데! 하지만 걱정이 무색하게 카페 안으로 들어가니 아주 깔끔하고 아늑한 내부가 눈에 들어온다. 직원이 밝은 목소리로 말했다.

"어서 오세요! 여기서 먹고 갈 건가요? 포장할 건가요?"
"여기서 먹고 가려고요."
"그럼 원하는 곳에 앉으세요!"

우리는 자리를 잡고 직원이 준 메뉴판을 신중하게 읽었다. 호주에서 나의 브런치는 성공적이어야만 한다는 마음으로 메뉴판을 꼼꼼히 탐색했다. 신중에 신중을 기울여 한참을 들여다보고 나서야 메뉴를 정했다. 스크램블 에그가 올라간 토스트와 블루베리 데니쉬 그리고 아이스 롱블랙과 라떼를 주문했다.

음식을 기다리며 카페를 둘러보던 강이가 사목 게임을 들고 왔다. 나는 게임을 못 하는 편이고 강이는 잘하는 편이라 게임을 하면 약 90%의 확률로 강이가 이긴다. 그래도 이건 간단하니까 해 볼 만할 것 같다. 최선을 다했고 결과는 일대 삼. 일승이 당연히 나였다. 그런데 이걸 어째, 져도 기분이 좋다. 재밌기만 하다.

음식이 나왔다. 딱 상상하던 비주얼이다. 이렇게 예쁜 공간에서 재밌는 게임도 하고 예쁜 브런치도 먹는다니 너무나도 소중해서 보따리에 꽁꽁 싸매서 가져가고 싶은 마음이다.

스크램블 에그가 매우 부드럽다. 블루베리 데니쉬는 은은하게 달고 고소하다. 여기에 맛있는 라떼까지. 행복하다는 말이 절로 나온다. 맛있는 음식을 먹으며 즐기는 여유가 선물 같다. 으으 너무 좋아!

기분이 좋을 때면 생각나는 일화가 있다. 고등학생 때 기분이 너무 좋아서 태어난 것이 감사하다는 생각이 든 날이었다. 그날 감사한 마음에 아빠도 좋은 하루를 보내길 바라며 문자를 했다. 요즘 좋은 느낌이 든다고 아빠도 좋은 하루 보내라는 문자였다. 그런 내게 아빠는 항상 좋은 느낌과 좋은 생각을 가지고 살라고 답장해 주셨다.

그날 이후로 나는 좋은 신발이 좋은 곳으로 데려다준다는 말처럼, 좋은 생각과 좋은 느낌이 나를 좋은 곳으로 데려다 줄 것이라 믿게 됐다. 좋은 것은 좋은 것을 끌어당기는 법이다.

그래서 지금 어때?

떠나온 지도 시간이 꽤 흘렀다
여행은 웃음을 되찾기에 딱 좋은 기회였다
누군가의 시선을 신경 쓸 필요 없기에 좋은 시간이었다
미래에 대한 부담감을 내려놓기 좋은 순간이었다
행복을 가득히 느끼기 좋은 날들이었다
그렇게 나는 반짝반짝 빛나던 나를 되찾아가고 있다

겁은 적게, 용기는 많이

골드코스트로 가기 위해 차를 빌렸다. 아침 일찍 밥을 먹고 시간에 맞춰 차 렌탈샵에 갔다. 우리가 예약한 차는 도요타의 코롤라. 강이가 택시를 타고 가는 길에 지나가는 차를 보며 저 차를 탈 것이니 보고 실망하면 안 된다고 한다. 가격을 생각해 오래된 차로 예약한 것 같았다. 나는 어떤 차든지 상관없었기 때문에 뭐든 좋다고 했다.

렌탈샵에서 몇 가지 서류를 작성하고 보증금을 낸 뒤 차 키를 받았다. 사무실에서 나와 차가 있다고 이야기해 준 곳으로 가니 딱 봐도 상태가 좋은 차다. 강이는 구형인 줄 알았는데 받아보니 신형이었던 것이다. 예상보다 차의 상태가 좋아 강이가 마음에 들어 하는 것 같다. 아무래도 실망하면 안 된다는 말은 스스로에게 한 말인 것 같은데?

나는 운전 경험이 적은 초보 운전자이기 때문에 운전은 강이가 했다. 호주는 한국과 다르게 좌측통행에 우핸들이다. 강이는 운전을 잘 하지만 우핸들 운전은 처음이라 살짝 긴장한 듯하다. 그렇지만 운전을 잘하니까 금방 적응할 거다.

강이는 차 내부의 기능을 간단히 파악하고 출발했다. 한국 차는 방향 지시등이 왼쪽, 와이퍼가 오른쪽이지만 호주는 이것도 반대이다. 아무래도 강이는 한국 차에 익숙해져 있어 방향 지시등 대신 와이퍼를 켜는 실수를 하기도 하고, 고속도로에서 나가는 길이 헷갈려 조금 돌아왔지만 그래도 무사히 골드코스트에 도착했다.

나는 강이의 이런 모습을 닮고 싶다. 강이는 과감하고 새로운 시도를 하는 것을 즐거워 한다. 반면에 나는 겁이 많고 확실하지 않은 것은 잘 시도하지 않는다. 사고 걱정이 앞서 운전대만 잡으면 긴장이 된다. 그래서 여전히 초보운전이다. 호주에서 전동 킥보드를 몇 번 탔는데 속도를 내는 것이 무서워 적응하는 데 시간이 걸렸다. 옆에서 보면 세상 느린데 말이다. 결국 마지막에는 반납시간이 초과될까봐 급하게 속도를 올릴 수 밖에 없었다.

조심하는 것은 좋지만 겁도 적당히 내야 하는 것 같다. 무서워서 운전을 안 하면 평생 차를 운전하는 편리함을 못 누릴 테니까. 운전을 하면 갈 수 있는 곳이 얼마나 많은데. 마트에서 숙소로 갈 때 전기 자전거를 탔던 것 처럼, 샌드보드를 탔던 것 처럼 새로운 무엇인가를 해내면 그만큼의 경험이 내 안에 쌓인다.

곧바로 과감해지기는 어렵지만 차근차근 겁을 이겨내고 싶다. 누구나 처음은 어려웠을 테니까.

서핑스쿨에서 인생을 배우다

골드코스트에 왔으니 서핑을 하고 싶었다. 무려 해변 이름도 서퍼스 파라다이스가 아닌가. 얼마나 좋으면 이름부터 서퍼들의 낙원일까? 언제 또 골드코스트에 올지 모르니 오늘 꼭 서핑을 하고 싶은데 수업 예약을 안 해서 급히 근처 서핑스쿨을 찾아봤다.

가장 가까운 곳에 가서 물으니 아쉽게도 오늘은 예약이 다 찼다고 한다. 내일은 가능하니 내일 예약을 하라고 사이트를 알려줬다. 하지만 우리는 오늘 브리즈번으로 돌아가기 때문에 꼭 오늘이어야 했다.

바로 다른 서핑스쿨을 찾았다. 당일 접수는 어려울 것이라 생각했지만 가능하다면 꼭 하고 싶었기에 혹시나 하는 마음으로 사무실에 들어가 물었다.

"지금 서핑 수업을 들을 수 있을까요?"
사무실에 앉아 있던 분이 기다렸다는 듯이 대답했다.
"당연하죠! 잠시만 기다리면 제가 코치를 불러올게요!"

의자를 내어주며 코치를 데려올 테니 잠시만 기다리고 있으라고 하고 그는 자전거를 타고 떠났다. 잠시 뒤 한 남자와 함께 그가 돌아왔다. 한눈에 알아봤다. 이분 고수다. 어딘가 괴짜의 향기를 풍기는 장발의 남자. 서핑이 인생의 전부일 듯한 아우라를 뽐내는 분이셨다. 굉장히 강렬한 첫인상이었다.

우리는 서핑복으로 갈아입은 후 양쪽 겨드랑이에 서핑보드를 한 개씩 끼고 해변으로 향했다. 긍정 기운을 풍기는 자유로운 영혼의 소유자 대일코치님과의 수업이 시작되었다.

"서핑할 때 가장 중요한 것이 있어. 그건 바로 생각을 비우는 거야. 우리가 자전거를 탈 때를 생각해 봐. 처음 자전거를 탈 때는 옆으로 넘어질 것 같아 무섭지만 계속 타다 보면 자연스럽게 앞으로 나아가지. 서핑도 똑같아. 머리의 생각을 비우고 두려워하지 마 그거면 돼."

간단한 용어와 제스처, 물살을 타고 일어나는 방법을 배우고 바로 바다로 향했다. 나의 첫 시도. 실패다. 오랜만에 바닷물을 먹었다. 바닷물이 이렇게 짰나? 강이의 시도. 강이는 성공이다. 이럴 때면 참 부럽단 말이지. 내가 실패하면 대일은 나를 불렀다.

"머릿속을 비우고 그냥 즐겨. 서핑은 그런 거야. 두려워하지 마. 속도가 느릴수록 더 어려워 무서워하지 말고 속도를 붙여 앞으로 나가. 못해도 괜찮으니 그냥 즐겨."

대일은 내가 물살 타기에 실패할 때마다 나를 불러 격려해 줬다. 대일의 응원과 유쾌한 기운 덕분에 잘 타지 못했더라도 속상하지 않았다. 실패하면 실패한 대로 그 순간들을 즐겼다. 결국 보드 위에서 일어나지는 못했지만 파도를 타는 것보다 더 중요한 것을 배웠다.

인생도 대일의 말처럼 너무 많이 생각하지 말고 그냥 즐기는 것. 두려워하지 않는 것. 그렇게 앞으로 나아가면 되는 것이 아닐까? 못해도 괜찮고, 실패해도 괜찮고. 다시 시도하면 되니까.

서핑은 처음 배우면 일어나기는 힘들다던데 강이는 일어나기도 성공했다. 이렇게 잘 하는데 대일이 강이를 불러서 무슨 이야기를 했을지 궁금했다.

"코치님이 강이한텐 뭐라고 했어?'
"나? 나한테는 아라 잘 위로해 주라던 데?"

생각지도 못한 대답이다. 난 정말 아무렇지 않았는데 대일은 내가 속상할까 봐 걱정이었나 보다.

대일 잘 지내죠? 덕분에 골드코스트에서 행복한 기억만 남길 수 있었어요! 다음에 골드코스트에 가면 또 꼭 만날 수 있으면 좋겠어요!

Mount Coot-Tha

호주 여행의 마지막 날이 밝았다. 내일이면 한국으로 돌아간다. 브리즈번을 여행하며 다시 돌아오지 않을 순간임을 알기에 매 순간 즐기려고 노력했지만 마지막 날 남는 아쉬움은 어쩔 수 없나 보다. 그래도 아직 하루라는 시간이 더 남았다. 소중한 오늘을 아쉬움 속에 보낼 수는 없다. 이럴 때일수록 호주를 즐겨야지.

오늘은 더 내추럴한 호주를 즐긴다고나 할까? 그동안은 대중교통을 이용해 브리즈번 시내를 구경했다면 이제는 차가 있으니 브리즈번 근교를 둘러볼 수 있다. 마운트 쿠사 전망대는 브리즈번을 한눈에 담을 수 있는 대표적인 곳이다. 아쉽게도 대중교통으로는 갈 수 없지만 위치는 시내에서 멀지 않아서 차를 이용하면 금방 다녀올 수 있다. 브리즈번 중앙역에서 십오분 정도 걸린다.

전망대 입구에 주차를 하고 차에서 내리자 골든리트리버 두 마리가 눈에 들어온다. 노부부께서 강아지들과 구경을 마치고 이제 내려가는 길이신 듯했다. 할아버지가 트렁크를 여시니 강아지들이 너무나 익숙하게 올라탄다. 나도 나중엔 저런 삶을 살아야지.

조금 더 걸어 전망대로 갔다. 전망대 끝 난간에 다가서니 브리즈번 전체가 한눈에 들어온다. 서울은 주변에 산이 많아 넓은 지대를 보기 어려운 반면 브리즈번 주변엔 높은 산이 없어서 넓은 지역을 한눈에 볼 수 있었다. 탁 트인 느낌. 좋다.

반짝반짝 은하수

호주 여행의 마지막 일정이자 하이라이트. 오늘 밤 드디어 무게라 호수에 은하수를 보러 간다. 나는 별이 좋다. 특별한 이유는 없다. 깜깜한 밤하늘에 반짝반짝한 모습이 예뻐서, 그래서 좋다. 서울에 거주하기 때문에 평소에는 별을 볼 기회가 없다.

지방에 방문할 일이 생기면 항상 별을 찾는데 기대만큼의 별은 보지 못하고 아쉽게 발걸음을 돌리곤 했다. 그런데 무게라 호수는 은하수 포인트로 유명한 곳이기도 하고 하늘도 맑아서 오늘은 별을 볼 수 있으리라는 기대감이 든다.

호수에 너무 늦지 않기 위해 저녁은 가는 동안 차에서 먹기로 했다. 마트에서 산 냉동 마늘빵을 오븐에 구워 챙겼다. 숙소 앞 식당에서 피쉬 앤 칩스도 포장해 출발했다. 숙소에선 1시간 반 정도 차를 타고 가야 한다.

도착 40분 전, 벌써 길이 깜깜하다. 길에 가로등 하나 없고 아무것도 보이지 않는다. 어두워도 너무 어둡다. 별은 보고 싶지만 어두운 건 무서운데... 벌써 이렇게 무서우면 별은 어떻게 봐야 하지? 차 불빛도 없다면 너무 무서울 것 같아 걱정되는 한편 창밖으로 살짝만 고개를 돌려도 은은히 자신의 존재감을 뽐내는 별들이 보여 기대가 된다.

건물이 없어 옆으로만 시선을 돌려도 별들이 보인다. 별이 머리 위에 있는 것이 아니라 옆에 떠 있다니 그럴 수가 있는 거냐고... 강이가 도착해서 짠! 하고 봐야 한다며 도착할 때까지 창밖 보기는 금지라고 한다. 앞을 보려고 노력했지만 눈이 자꾸만 밖을 향하려고 한다. 잠깐 본 하늘에 벌써 마음을 빼앗긴 것 같다. 어떤 밤하늘이 나를 기다리고 있을까?

드디어 무게라 호수에 도착했다. 이제 정말 하늘을 볼 시간이 되었다. 차에서 내려 천천히 하늘로 시선을 옮겼다. 와... 정말 멋지다. 이렇게 비현실적인 장면은 처음이다. 별이 정말 밝다. 반짝이는 별들이 하늘에 콕콕 박혀있는데 너무 선명해서 가까이 있는 것처럼 느껴졌다.

옛날 사람들은 별을 보고 길을 찾았다고 했지. 오늘 별을 보니 이제야 이해가 된다. 이렇게 선명하고 반짝이는데 깜깜한 밤에 별이 아니면 무엇을 보고 길을 찾았을까. 내가 이 하늘을 보려고 여기까지 왔구나. 이런 장면이 실제 할 수 있는 거구나. 눈으로 보고 있어도 믿기지 않는다.

감격은 잠시 넣어두고 자리를 이동해야 했다. 너무 어두워서 우리만 있으면 무서울 것 같았는데 별을 보러 온 사람들이 좀 있다. 휴 다행이다. 그래도 덜 무섭겠군. 그럼에도 처음엔 너무 무서워서 고목에 매미 매달리듯이 강이에게 착 붙어 걸었다. 사람들이 종종 핸드폰 플래시를 켰지만 모든 불이 꺼지는 순간엔 눈을 떴는데 감고 있는 것 같았다. 그만큼 어둡다.

강이 팔에 매달려 겨우겨우 걸어서 사진을 찍을만한 장소로 왔다. 시드니에서 은하수를 본 경험이 있는 강이는 이번엔 나의 인생 사진을 찍어주겠다며 이리저리 열심히 사진 포인트를 찾아다녔다. 사진에 잘 나오기 위해선 무조건 야간 모드로 설정하고 시간은 가장 길게, 그리고 절대 움직이면 안 된다. 그래서 핸드폰을 고정하기 위한 삼각대가 필수다.

시험 삼아 찍어본 첫 사진. 사진으로 보니 성운이 더 선명히 보인다. 일단 별은 잘 나왔는데 내가 흐릿하다. 가만히 있었다고 생각했는데 그 정도로는 안 되나 보다. 매우 살짝만 움직여도 사진이 흐릿하게 나온다. 절대 안 움직이겠다 다짐하고 두 번째 사진을 찍었다. 이번엔 더 열심히 30초를 버텼다.

첫 번째 사진보단 잘 나왔는데 사진 속 형상이 나인지 잘 모르겠다. 강이가 엄지손가락 아니냐고 그런다. 정말 엄지손가락 같아서 같이 웃었다. 이후로도 강이는 멋지게 찍어주겠다며 삼각대를 옮겨가며 열심히 사진을 찍어줬다. 강이는 내게 멋진 사진을 남겨주고 싶어 했다. 한 번뿐이지만 본인은 나름 호주에 와 본 경험이 있다고 나를 생각해 주는 마음이 고맙다.

마지막 날 돌아가는 길에 나는 브리즈번을 모두 즐긴 것 같다고 후회가 없다고 말했다. 강이는 내가 그렇게 생각해서 다행이라고 말했다. 나는 함께 호주를 여행하러 온 것이라고 생각했는데 강이는 그 마음도 있지만 나에게 멋진 호주의 모습을 경험 시켜주고 싶은 마음이 컸던 것 같다. 강이는 더 좋은 추억을 남겨주고 싶었는데 그러지 못한 것 같아서 아쉬웠다고 한다. 그런데 내가 너무 즐거웠다고 말하니 마음에 남은 약간의 아쉬움이 풀린 것 같다.

이런 사람과 함께 여행했는데 어떻게 안 즐거울 수가 있을까. 언젠가 또 쏟아질듯한 별을 본다고 해도 오늘의 밤하늘은 평생 잊지 못할 거다. 멋진 풍경을 멋진 사람과 함께한 한여름 밤의 꿈 같은 시간이었다. 이런 풍경을 나의 마음에 담을 수 있음에 감사하다.

PART 2 미국, LA

LA로 향하는 마음

미국 여행은 뉴욕 이후로 두 번째이다. 미국의 동부와 서부는 다른 느낌이라고 들었다. 내게 뉴욕은 밀집도 높고 바쁜 대도시 느낌이라면 LA는 여유롭고 느긋한 휴양도시 느낌이다. 두 도시가 다른 이미지라서 두 번째 미국이라도 처음 오는 것처럼 신선한 기대감이 든다.

여행지를 LA로 정한 것은 강이의 출장지였기 때문이다. 집에만 있지 말고 같이 여행 가자고 제안해 준 강이 덕분에 LA에 오게 되었다. 나는 마지막 학기를 무사히 마치고 졸업식만을 남겨둔 상황이었다. 학교에 가질 않으니 할 일을 하겠다며 카페와 집만 오가는 삶을 살고 있었다. 집에만 있으면 괜히 마음이 불편해서 뭐라도 하고자 카페라도 갔던 것이다.

비행기 티켓을 예매하기까지 긴 고민의 시간을 거쳤다. 내가 지금 여행을 가도 되는 걸까? 마음 한구석에 큰 돌덩이가 있는 것처럼 무거웠다. 여행은 무슨 여행이야 싶었다. 그렇지만 마음 한구석은 아쉽다. 지금 아니면 언제 갈 수 있을까? 나 여행 좋아하는데.

고민에 고민이 거듭 될수록 마음속에 있었지만 꺼내지 못했던 생각들이 서서히 떠올랐다. 푸르고도 푸른 나이에, 돌아오고 싶어도 돌아오지 못할 이 시기를 우울하게만 보내고 싶지가 않았다. 하루하루 소중한 내 삶인데 왜 이렇게 시간을 보내고 있는지 답답했다. 채용 공고만 보고 있다고 해결될 일도 아니다.

빨리 취업해야 할 것 같은 조급한 시기이기도 하지만 새로운 길로 갈 수 있는 변환점이기도 했다. 하고 싶은 것은 무엇이든 도전할 수 있는 시기. 급하게 생각하지 말고 의미 있는 시간을 보내도 좋겠다는 생각이 들었다. 먹고살자면 어떻게든 먹고살 수 있어.

여행이 의미 있고 없고는 너의 몫이지. 네가 여행을 의미 있는 시간으로 만들면 돼. 어쩌면 여행이 지금 꼭 필요한 경험일지도 몰라. 나는 더 많은 경험을 하고 싶고 다양한 세상을 경험하는 삶을 살고 싶다. 내가 살고 싶은 삶의 모습을 쫓아보자고 결정했고 강이의 제안을 받아들였다. 그렇게 LA행 티켓을 예매했다.

오늘은 드디어 비행기를 타는 날. 모든 짐은 한국에 내려놓고 떠나기로 했다. 대학생 이아라도 아닌, 취업 준비하는 이아라도 아닌 '인간 이아라'로서 여행할 거다. 일찍 공항에 도착해 파리크라상에서 아침 겸 점심으로 빵을 먹었다. 마침 좋은 자리가 나서 비행기가 보이는 자리에 앉았다.

진짜. 진심으로 행복하다. 너무 행복해. 힘든 시간을 보내서 그런지 행복이 더 크게 느껴지는 것 같기도 하고. 아무튼 너무 좋다. 나는 그냥 이렇게 행복하고 싶을 뿐인데. 미래의 행복을 좇는 것도 중요하지만 오늘의 행복도 나의 행복인걸.

탑승을 시작한다. 이제 진짜 LA에 가는 거다.
나 진짜 떠나는구나. 큰 결심을 하고 떠나는 만큼 온전히 즐기자.
내가 진짜 원하는 삶을 찾아보자. 좋은 에너지만 가득 담아 오자.

U.S. Customs and Border Protection

Los Angeles International Airport
Tom Bradley International Terminal

Welcome to The United States

PLEASE HAVE YOUR DOCUMENTS COMPLETED AND READY TO PRESENT TO AN OFFICER

H 마트에서 냉동 김밥을 사다

숙소에 도착해 한참을 자고 일어났다. 오늘 아무것도 안 하기도 아쉽고 저녁으로 먹을거리를 살 겸 근처 마트에 가고 싶었다. 찾아보니 H 마트가 근처에 있다. 'H마트에서 울다'라는 책의 영향으로 H마트가 궁금했다. 강이가 퇴근하고 같이 마트로 향했다.

신기한 제품도 많고 다양한데 막상 저녁으로 먹을 것이 마땅치 않다. 우리 숙소는 호텔이라 컵라면이나 전자레인지로 데워 먹을 수 있는 냉동식품만 가능했다. 그때 눈에 들어온 것이 있다. 바로 냉동 김밥. 최근까지 인기가 너무 많아 살 수가 없었다던 냉동 김밥이 있다. 이거다. 한 줄에 3.99달러다. 우리는 유부초밥과 김밥이 반반 들어있는 것 하나와 잡채 김밥 하나를 골랐다.

숙소에 돌아와 컵라면도 두 개 끓였다. 인기가 많다는 이야기를 뉴스에서 봐서 엄청 기대를 하며 김밥을 한 입 먹었다. 음... 굉장히 밋밋하다. 씹히는 식감이 전혀 없다. 처음엔 단무지가 없는 줄 알았다. 다시 보니 단무지는 있지만 따뜻하게 데운 것이라 흐물흐물해져서 식감이 느껴지지 않았던 것이다. 맛은 별 다섯 개 중 두 개.

나중에 알고 보니 진짜 유명한 냉동 김밥은 따로 있었다. 미국에 거주하는 강이의 회사 동료분이 알려주셨다. 뉴스에서 본 인기있는 냉동 김밥은 다른 김밥이라고. 어쩐지 어쩐지! 한국 김밥이 얼마나 맛있는데 이걸 먹고 미국 사람들이 맛있다고 느낀 거면 너무 속상할 뻔했다.

내가 좋아하는 순간

저녁을 양껏 먹고 잠에 들었건만 역시나 도착해서 푹 잔 덕에 어김없이 새벽에 눈이 떠졌다. 현지 시각 새벽 3시, 한국 시간으론 밤 10시였다. 눈을 감고 있어도 잠이 안 들 것임에 확신이 들었다. 조용히 일어나 소파에 앉았다. 강이가 깰까봐 조명을 켤 수가 없다. 선택지는 유튜브뿐이다. 이런저런 영상을 보며 지루함을 견뎠지만 유튜브도 여러 개 보니 지겹다. 한국에서 챙겨온 책을 읽고 싶어 빨리 날이 밝기를 기다렸다.

한참을 혼자 시간을 보내니 드디어 날이 밝아오기 시작한다. 이 정도면 책을 읽을 수 있다. LA 일출을 마주 보고 앉아서 책을 읽었다. 해가 떠오르자 하늘이 붉게 물든다. 황홀한 풍경을 배경 삼아 책을 읽는 고요한 순간이 너무나 소중하게 느껴졌다. 얼마 만에 이런 시간을 갖는 건지.

밤잠을 설쳐 오늘 오후도 일찍 피곤해질 것을 예감했지만 그래도 덕분에 이렇게 예쁜 순간을 내 삶에 남길 수 있음에 감사했다. 한국에서는 머리와 마음이 복잡해 이런 평화는 찾을 수 없었다. 하지만 나는 이런 순간을 좋아하는 사람이었다. 그동안 놓치고 살아서 잊고 있었다. 나는 이런 고요함을 좋아한다는 것을.

따뜻한 겨울

항상 내가 내릴 버스 정류장에 미리 마중 나와주던 너인데
어느 날은 내가 버스에서 내렸는데 네가 안 보이는 거야
무슨 일이 있나? 생각하며 혼자 걸어가고 있었어
멀리서 해맑게 웃으며 네가 뛰어오고 있는 거야
한 손엔 하얀 봉투를 들고 말이야

그 봉투엔 따뜻한 붕어빵이 들어있었어
기억나? 우리가 자주 사 먹던 붕어빵
아마 내 인생에서 가장 붕어빵을 많이 먹은 겨울이었을 거야
우리는 네가 사 온 따뜻한 붕어빵을 먹으며 길을 걸었지
내 인생에서 가장 맛있는 붕어빵이었어
내 인생에서 가장 따듯한 겨울이었기도 해
너의 따뜻한 마음 덕분이야 고마워

혼자 버스타고 다운타운 가기

일단 절대 혼자 버스 타기를 권하지 않는다. 위험한 지역이기 때문에 꼭 우버를 이용하거나 정 안되면 여러 명이 함께 타야한다. 너무 위험한 행동인데 나는 몰랐다. LA이틀 차인 오늘, 강이가 출근해서 혼자만의 시간이 주어졌다. 새벽에 잠도 안 오고 심심해서 열심히 찾아봤다. 버스로 갈 수 있는 곳 중에 그랜드 센트럴 마켓이라는 곳이 있다. 마켓 근방이 위험하다는 이야기도 있지만 유튜브 후기를 보니 마켓엔 사람이 많아 괜찮을 것 같았다. 그리고 숙소에서 버스를 타면 한 번에 갈 수 있어 딱이었다.

뉴욕에선 트래블월렛 카트로 대중교통 요금을 지불할 수 있어서 당연히 LA도 될 줄 알았다. 정보를 찾다가 LA에서는 TAP 카드만 가능하다는 글을 봤다. 나는 TAP 카드가 없는데 어떡하지? 지하철역에서 실물 카드를 살 수 있다고 하는데 절대 가고 싶지 않았다. 미국 지하철은 위생이 안 좋고 홈리스도 많아 악명 높기로 유명하다. 뉴욕 지하철도 무서웠는데 여기서는 죽어도 혼자 갈 수 없다. 다른 방법을 찾다가 애플월렛에서 무료로 추가할 수 있다는 글을 발견했다.

현대카드를 사용하지 않기 때문에 한국에선 쓸 일이 없어 애플월렛을 지웠는데 바로 다시 다운로드해 TAP 카드를 추가했다. 이제 카드 충전만 하면 되는데 아뿔싸 충전이 현대카드만 가능하다고 한다. 이건 생각 못 했다. 우버를 이용할 수도 있지만 여행 경비를 아끼고 싶은 마음이 컸다.

정말 방법이 없는 건지 다시 인터넷에 검색했다. 이제 진짜 마지막 방법이다. TAP 자체 앱을 깔면 카드를 발급받을 수 있고 트래블월렛으로 충전이 가능하다고 한다. 바로 TAP 앱을 다운로드했다. 간단한 회원가입을 마치고 트래블월렛 카드 정보를 입력하고 등록 버튼을 눌렀다. 성공이다. 소리를 지르고 싶었는데 강이가 자고 있어 속으로 삼켰다. 충전이 됐다고? 이렇게 뿌듯할 수가! 이제 어디든 갈 수 있을 것 같은 자신감이 차올랐다.

아침이 되었다. 나갈 준비를 마치고 구글맵으로 버스 정류장의 위치를 여러 번 확인했다. 이제 모든 준비가 끝났다. 28번 버스를 타야 한다. 정류장은 숙소에서 걸어서 3분 거리다. 숙소가 한인타운에 있는데 요즘 한인타운이 많이 슬럼화돼서 길에 수상한 사람들이 종종 보인다.

삼분 거리인데 혼자 걸어가니 어찌나 멀게 느껴지던지 이상한 사람이 말을 걸까 긴장하며 빠른 걸음으로 걸었다. 일단 버스 정류장엔 무사히 도착했다. 그런데 정류장에 버스를 기다리는 듯한 할아버지께서 자꾸 나를 쳐다보신다. 말을 거실까봐 너무 무섭다. 정말 울고 싶다. 숙소에서 나온 지 5분밖에 안 됐는데 벌써 이러면 어떡해.

애써 무시하며 버스를 기다렸고 다행히 28번 버스가 금방 왔다. 이제 때가 됐다. 이 순간을 위해 얼마나 열심히 준비했던가. 핸드폰을 켜 TAP을 활성화했다. 핸드폰을 리더기에 찍는 상상도 이미 여러 번 했다. 이미지 트레이닝도 끝냈다. 마침내 버스의 문이 열렸고 올라타서 카드 리더기를 찾는데... 없다. 카드를 찍는 곳이 없다. 사람들도 그냥 탄다. 매우 당황했지만 그렇지 않은 척 자연스럽게 자리로 가서 앉았다.

그제야 생각났다. 어제 강이가 공항 오는 버스를 탔는데 LA 산불 때문에 요금을 안 받았다고 이야기한 것이. 이번 여행 시기에 LA에 큰 산불이 났다. 그렇구나 요금을 안 받는구나. 복합적인 감정이 들었다.

무료니까 좋은 건데 근데 나는 새벽 내내 뭘 한 거지? 이미 충전한 건 환불도 안 된다는데 불행인지 다행인지. TAP을 충전하고 내가 얼마나 뿌듯했는데! 꽤나 큰 허탈감이 느껴졌지만 지난 밤 열심히 찾고 좋아했던 내가 생각나 웃음이 터졌다. 아무튼 버스에 무사히 탑승했으니 됐지. 이번에 충전한 요금은 언젠가 다시 LA에 오면 써야겠다.

BLUE BOTTLE in LA

LA에만 있는 현지 카페도 있지만 나는 블루보틀에 가고 싶었다. 빌딩 숲 사이 칼바람이 부는 겨울, 뉴욕에서 추위를 피하기 위해 블루보틀에 갔었다. 따뜻한 라떼를 주문했는데 내가 마셔본 라떼 중 가장 맛있었다. 어찌나 부드럽고 달콤하던지 그때의 라떼 맛을 못 잊는다. 혹시나 그때의 느낌이 날까 싶어 오늘도 블루보틀을 찾았다. 한국에도 매장이 있지만 미국에서 마셔야 그 맛이 날 것 같았다.

똑같이 따뜻한 라떼를 주문했다. 오랜만에 만나는 친구를 기다리는 것처럼 설렌다. 음료가 한 잔씩 나올 때마다 내 것일까 싶어 시선이 간다. 몇 차례가 지나고 머그잔에 담긴 따뜻한 라떼가 나왔다. 이번엔 내 건가? 바리스타와 눈이 마주쳤다. 내 라떼구나.

잔을 소중히 들고 와 자리에 앉았다. 미국에서 이 라떼를 또 마시게 되다니. 얼른 마시고 싶은 마음에 자리에 앉자마자 바로 한 모금 마셨다. 이 녀석을 마시기 위해 그렇게 먼 거리를 날아왔구나. 좋다. 참 좋다.

솔직히 말하자면 뉴욕에서의 그 맛은 아니었다. 함께 여행한 친구들이 없어서일까. 날씨가 덜 추워서일까. 바리스타가 달라서일까. 생각했던 맛과는 달랐지만 실망스럽진 않았다. 그건 뉴욕의 맛이었고 이건 LA의 맛이다.

글쓰기

의미 있는 여행이 되길 바랐다. 그래서 글을 쓰기로 했다. 나는 글을 쓰는 삶을 살고 싶고 여행하는 삶을 살고 싶으니까. 여행 가서 글을 쓰면 좋을 것 같았다. 가방에서 노트북을 꺼냈다.

짐을 최소한으로 들고 왔다. 고작 기내용 캐리어 하나 들고 왔지만 그 안에 짐 하나가 노트북이었다. 잠이 오지 않는 새벽, 혼자 여행하던 중간중간, 잠들기 전 틈틈이 글을 썼다. 글쓰기는 나에겐 놓을 수 없는 무언가였다. 이 글이 세상에 나오게 될지는 모르지만 묵묵히 써내려간다.

글을 쓰는 것만으로도 의미 있는 여행이 되어가고 있는 것 같다.

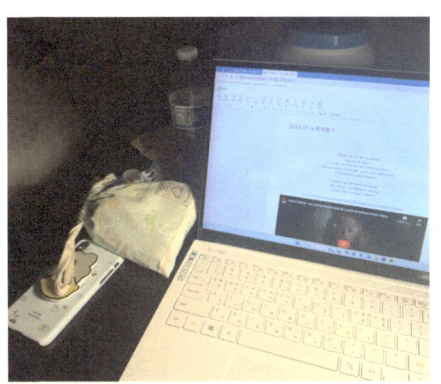

Grand Central Market

그랜드 센트럴 마켓에서 점심을 먹을 계획이다. 잠이 안 온 지난밤 메뉴 선정에 실패하지 않겠다는 굳은 각오를 다지며 여러 영상을 찾아봤다. 어디가 맛있을까 여기저기 찾다가 정한 후보는 두 곳. 한 곳은 에그슬럿이고 다른 곳은 타코 가게다. 익숙한 에그슬럿이냐 새로운 타코 가게냐 고민이다 고민!

타코도 궁금했지만 고기가 듬뿍 들어가는 음식이라 모 아니면 도일 듯해서 오늘은 실패 가능성이 낮은 에그슬럿으로 결정. 에그슬럿이 한국 시장에서 철수해서 여기서만 먹을 수 있는 음식이 된 데다가 여기는 무려 본점이다.

에그슬럿 매장에 쓰여있는 글을 보니 곧 마감 시간이라 주문을 받는지 몰라서 쭈뼛쭈뼛 카운터에 서 있으니 주문하겠냐고 물어본다. 다행히 아직 마감하지 않았나보다. 베이컨 에그 앤 치즈와 콜라 한 병을 주문했다. 캔 콜라가 아닌 병 콜라가 신기하다. 한국에선 보통 캔 콜라를 주니까. 계산을 마치니 그 자리에서 바로 콜라 뚜껑을 따 준다. 컵도 없다. 이것이 미국이 콜라를 대하는 방법이구나.

가게 앞 바에 앉아 버거를 먹었다. 브리오슈 빵은 부드럽고 베이컨은 짭짤하고 계란은 고소하다. 케첩이 많이 들어가서 조금 짜지만 먹을만 했다. 소스가 입가에 묻어서 휴지가 필요했는데 내가 주변을 둘러보자 점원이 휴지를 건네준다.

홈리스도 많고 인적도 드문 무서운 길을 혼자 돌아다니느라 조금 힘들었는데 말하지 않아도 눈치를 채고 알아서 휴지를 건네줘 너무 고마웠다. 땡큐라고 말했다. 고작 두 음절이지만 그 짧은 단어에 큰 고마움이 담겨 있었다.

이제야 조금 편안해진 마음으로 식사를 했다. 매장이 길과 맞닿은 자리에 있어 밖을 보며 먹었다. 테라스 자리에 앉아 식사하는 사람들과 적당한 햇빛의 조화를 보니 기분이 좋았다. 나는 이런 풍경을 좋아하는 것 같다. 좋은 날씨에 적당한 햇빛 아래 사람들이 여유로운 시간을 보내는 모습을 보고 있으면 나도 마음이 차분해지면서 기분이 좋아진다.

밖을 바라보며 천천히 먹고 있었는데 가게 정리를 시작하신다. 빨리 먹으라고 전혀 눈치 주지 않지만 왠지 눈치가 보여 최대한 빠르게 먹고 일어났다. 콜라가 반쯤 남았다. 탄산을 잘 못 마시는 편이라 역시나 남아버렸다. 남은 콜라를 두고 일어나니 휴지를 건네준 분이 묻는다.

"이거 두고 가는 거예요? 이렇게 많이 남았는데?"

그의 반응이 재밌어서 웃으며 답했다.

"하하. 네. 저는 다 마신 거예요."

점원분이 왓!? 하는 제스처를 짓더니 웃는다. 나도 그분을 바라보며 웃고는 인사를 하고 나왔다. 혼자 먹은 미국에서의 첫 현지 식사 성공이다. 잠깐이지만 혼자 돌아다니며 낯선 곳에서 무엇인가 해낸 것 같아 뿌듯하다.

그러려니 하는 마음

살아가면서 필요하다고 생각하는 태도가 있다
삶에 유연한 태도
힘든 일이 있어도 유연하게 넘길 수 있는 태도

힘들 땐 세상에서 내가 제일 힘든 것 같다
억울할 땐 세상에서 내가 제일 억울한 것 같다
원래 사람 마음이 그렇다

그래도 나를 위해서 이 태도를 지녀야 할 필요가 있다고 생각한다
누군가가 나를 힘들게 해서 그 사람이 정말 미워도
미운 마음에 머무르기보다 그냥 그런가 보다 하고 유연히 넘기는 것은
나를 위해 그러는 것이다
누군가를 미워하기에 내 마음이 아까우니까

세상이 나를 힘들게만 하는 것 같아 울고 싶어도
한번 울고 그냥 떨쳐버리자
세상을 내가 미워한다고 달라지는 것도 없고
아까운 내 마음만 힘드니까
그러니까 그냥 그러려니 하고 넘겨보자

숙소의 최대 혜택

우리 집에는 두두라는 이름의 이제 두 살을 넘긴 귀여운 실버 푸들 동생이 있다. 두두를 만나기 전에도 동물들을 좋아하는 편이었지만 두두를 가족으로 맞이한 후에 동물들을 더 좋아하게 되었다. 두두는 먹고 자고만 해도 보고 있으면 웃음이 난다. 두두가 우리 집에 오고 가족들이 거실에 더 모이게 되었고, 웃음소리가 많아졌다. 이렇게 행복을 주는 아이들이니 사랑하지 않을 수가 없다.

요즘엔 길에서 강아지가 보이면 버튼이 눌린 것처럼 자동으로 활짝 웃게 된다. 보는 것만으로도 힐링이 되는데 마침 LA 첫 숙소 앞 집에서 강아지를 키우는 것이다. 포메라니안처럼 복실한 강아지 두 마리였다. 낮 시간엔 강아지들이 집과 마당을 자유롭게 드나드는 듯했다. 숙소에 있으면서 강아지들을 보는 것이 하나의 낙이 되었다.

LA 도착한 첫날 강아지들을 처음 봤을 때 강아지들은 마당에 앉아 밖을 바라보고 있었다. 대문이 구멍이 숭숭 뚫린 철창이었다. 사람들이 지나가는 것을 구경하다가 산책하는 강아지가 지나가면 짖기도 했다. 강이가 일하러 가고 혼자 숙소에 남으면 강아지들이 대문 밖을 보듯이 나는 창밖으로 강아지들을 한참 바라봤다.

어느 날 아침 새벽같이 눈이 떠져 의자에 앉아 해가 떠오르는 것을 보고 있었다. 이미 일어난 지 한참 되어서 지루하던 참이었다. 강아지들은 언제 나올지 궁금해하던 차에 어느새 강아지들이 나와서 마당을 활보하고 있다. 주인이 출근하려고 나가시자 강아지들이 **뽈뽈뽈** 따라가 배웅한다. 우리 두두 보고 싶네.

강아지들 덕분에 숙소에서 더 행복했다. 깔끔하고, 헬스장도 있고. 좋은 점이 많은 호텔이었는데 가장 큰 장점은 강아지 뷰였다.

너와 함께라면 어디든

사람들한테 도시에서 살고 싶은지 시골에서 살고 싶은지 물어보면
대부분 시골은 너무 심심할 것 같지 않아? 라고 하더라
그때는 그럴 수도 있겠다고 생각했어
서울은 걸어서 조금만 나가도 뭐가 많잖아
시골은 차를 타고 나가도 뭐가 없으니까
그런데 너를 만나고는 그렇지 않을 수도 있겠다는 생각이 들더라
너와 함께면 어디든 괜찮을 것 같은 느낌이 들어

라스베이거스에 가다

미국은 정말 다 크다. 고속도로도 쭉쭉 뻗어있고 창밖에는 넓은 땅이 쫙 펼쳐져 있다. 도입부만 들어도 가슴이 두근대는 미국의 록밴드 Guns N' Roses의 'Sweet Child O' Mine'가 절로 떠오르는 풍경이다.

사람이 살까 싶어도 집이 있다. 전기는 들어올까? 생각이 들 정도로 주변에 아무것도 없다. 이런 곳에 라스베이거스 같은 도시가 어떻게 만들어졌을까?

라스베이거스는 해가 진 후에 진짜 모습을 드러낸다. 낮에는 여느 도시와 같지만 밤이 되면 하나 둘 조명이 켜지고 빛이 나기 시작한다. 낮에 잠들고 밤에 깨어나는 그런 곳이다.

She's got a smile that it seems to me
Reminds me of childhood memories
Where everything was as fresh
as the bright blue sky (Sky)
Now and then when I see her face
She takes me away to that special place
And if I stared too long
I'd probably break down and cry
Woah-oh-oh! Sweet child o' mine
Woah, oh-oh-oh! Sweet love of mine
Woah, oh-oh-oh! Sweet love of mine

She's got eyes of the bluest skies
As if they thought of rain
I hate to look into those eyes
and see an ounce of pain
Her hair reminds me of a warm, safe place
Where as a child I'd hide
And pray for the thunder
and the rain to quietly pass me by
Woah-oh-oh! Sweet child o' mine
Ooh, oh-oh-oh! Sweet love of mine
Oh yeah! Woah-oh-oh-oh!
Sweet child o' mine

-Guns N' Roses, Sweet Child O' Mine-

KA SHOW

이번 여행에서 가장 기대한 일정인 라스베이거스 쇼를 관람하는 날이다. 한국에서 예매할 때부터 오늘을 얼마나 기다렸는지 모른다. 라스베이거스에서 진행하는 쇼 중 불의 공연이라는 카쇼를 예매했다. 앞 일정에서 생각보다 시간이 지체되어 공연 시작 시간에 아슬아슬하게 맞출 수 있을 것 같다. 카쇼는 MGM그랜드 호텔에서 공연하는데 호텔 내부가 복잡해 공연장을 찾기 힘들다는 후기도 있어서 서둘러 호텔로 향했다.

결국 주차장까지 찾다가 시간이 더욱 지체되었다. 나는 평소에 시간 약속에 늦는 것을 정말 싫어하는 편이다. 쇼나 영화 관람 시간에 늦는 것 또한 마찬가지다. 그런데 오늘 어쩌면 처음이자 마지막일지도 모를 카쇼에 늦는다는 것이 너무 속상했다.

일초라도 빨리 들어가고 싶어서 주차장에서 호텔까지 열심히 뛰었다. 다행히 공연장 위치를 후기로 꼼꼼히 익혀둔 덕에 호텔에 들어와서는 공연장을 빨리 찾을 수 있었다. 멀리 긴 줄이 보였고 아직 한창 공연장에 입장 중이었다.

우리 좌석이 가장 앞줄이라 무대와 너무 가까워서 잘 보이지 않을 것 같아 걱정이다. 후기를 찾아보니 현장에서 좌석 변경이 가능하다고 하여 호텔에 도착해 변경할 계획이었다. 하지만 늦게 도착해버린 바람에 시간이 없어서 변경하지 못한 채 입장했다. 살짝 아쉽지만 많이 늦지 않았다는 안도감이 더 컸다. 앞줄이면 잘 보이고 좋겠지.

드디어 공연장에 입장했다. 공연은 이미 시작했지만 많이 늦지는 않았다. 좌석에 앉았는데 다행히 무대가 잘 보인다. 공연 중에 배우들이 좌석 앞을 지나다니는데 맨 앞 좌석이라서 가장 가까이 볼 수 있어 좋았다. 너무 좋은 자리잖아! 바꿨으면 오히려 아쉬울 뻔했다. 그런데 자리 말고 생각하지 못한 방해꾼이 나타났다.

즐겁게 무대를 보는데 세상에나 졸음이 몰려왔다. 공연 시간이 오후 일곱 시로 시차 적응을 하지 못해 한참 졸릴 시간이었다. 신이시여 어떻게 이럴 수 있나요? 이렇게 화려한 공연을 보는데도 졸음이 쏟아질 수 있는 건가요? 제가 이 공연을 보려고 얼마나 기다렸는데! 한순간도 놓치고 싶지 않은데!

어떻게든 졸음을 참고 공연을 보려고 애썼다. 가격대가 있지만 언제 또 볼까 싶어서 큰맘 먹고 예매한 공연인데 이렇게 졸 수는 없다. 졸면서도 울고 싶은 지경이었다. 하지만 쏟아지는 잠을 물리치는 건 생각보다 어렵다. 몇 분 동안 눈을 감은 채로 보낸 것 같다. 그래도 강력한 의지 덕분일까 조금씩 잠이 물러갔다. 다행히 후반부는 멀쩡한 상태로 볼 수 있었다.

꿈꾸는 순간

공연장의 배우들은 눈부시게 빛이 난다. 90도 기울어지고 360도 돌아가는 무대 위에서 배우들이 날아다닌다. 와이어 줄 하나에 의지한 채로 중력을 거스르는 듯한 움직임을 보여준다. 그들은 때로는 나비처럼 사뿐히 날아올랐고 때로는 경주마 같은 힘을 내뿜으며 무대를 뛰어다녔다. 이 공연을 위해 얼마나 많은 땀을 흘렸을까. 무대가 끝나고 아낌없는 박수가 그들에게 쏟아졌다. 그들이 흘린 땀이 보상받는 순간이었다. 배우들은 이 순간을 얼마나 꿈꿨을까? 활짝 웃는 그들의 얼굴에 가슴이 벅찼다.

나에게도 꿈이 있다. 너무 소중해서 혹여나 다칠까 꺼내 놓지도 못하겠는 그런 꿈. 언젠가 그 꿈을 세상에 내놓게 되는 날 박수를 받을 수 있으면 좋겠다. 많은 사람들에게 박수를 받지 못 하더라도 나의 노력을 알아주는 사람들이 있으면 좋겠다. 나에게도 꿈이 이루어지는 날, 활짝 웃을 그런 날이 왔으면 좋겠다.

광란의 호르몬 파티

카쇼를 보고 나오니 늦은 저녁이다. 시차 때문에 제대로 잠을 못 잤대다 생리 전 기간이라 매우 예민하고 피곤했다. 하지만 우리에게 라스베이거스에서 주어진 시간은 하루뿐이었다. 오늘 꼭 벨라지오 분수를 봐야 했다. 여기까지 왔는데 분수를 못 보면 한국에 돌아가서도 아쉬울 것 같다.

피곤해서 누우면 바로 잠들 것 같았지만 분수를 보기로 했다. 문제는 주차할 곳이 없다는 것이다. 라스베이거스 중심지는 주차비가 매우 비싸다. 벨라지오 호텔은 한 시간에 18달러, 한화로 약 26,000원이다. 분수 몇 분 보겠다고 주차비로 이 금액을 낼 수는 없었다.

도심을 돌면서 적당한 주차장을 찾아 헤맸다. 시간은 계속 흘렀고 그동안 나는 더 예민해졌다. 겨우 괜찮은 주차장을 발견하고 주차를 했지만 나는 이미 툭 치면 터질 것 같은 아슬아슬한 상태가 됐다. 주차장과 벨라지오 호텔은 조금 떨어져 있었다. 그래도 분수는 봐야겠으니 꾸역꾸역 걸어갔다.

내 기분이 안 좋으니 옆에 있는 강이 기분도 안 좋아졌고 우리는 뚱한 기분으로 분수를 봤다. 그런데 분수 쇼는 어찌나 아름답던지. 내 속도 모르고 물줄기는 힘차게 솟아오른다. 야속하게도 여태껏 본 분수 중 가장 아름답다. 좋은 기분으로 봤으면 더 좋았을 텐데 아쉽다. 분수를 볼 수 있어서 행복하면서도 과정을 생각하면 화도 나고 복잡한 감정이었다.

열심히 살아야겠다는 동기부여를 이렇게 받는구나. 숙소로 돌아가며 다짐했다. 꼭 성공하겠노라고. 주차비 26,000원은 아무렇지 않게 낼 수 있는 사람이 되어 꼭 다시 오겠다고.

다음날 아침이 되었다. 오늘은 라스베이거스를 떠나 캐니언 투어를 시작하는 날이다. 어제의 꿀꿀함은 떨치고 활기찬 하루를 보내야지. 어제 너무 예민하게 굴어서 미안한 마음에 오늘은 잘자자고 다짐하며 하루를 시작했다. 그런데 오늘은 강이가 아침부터 뚱하다. 어제의 서운한 마음이 풀리지 않았는지 기분이 좋지 않아 보인다. 오늘 잘 해보려 했던 나도 또 기분이 안 좋아진 것이다. 호르몬의 영향은 꽤나 강력해서 작은 것 하나 삐끗해도 기분은 파도를 친다.

투어의 첫 목적지인 자이언 국립공원까지는 차로 세 시간 거리다. 이동 내내 둘다 입을 꾹 다문채 강이는 운전만 하고 나는 바깥만 쳐다봤다. 시차 적응이 안 돼서 지난 밤도 잠을 설쳐 차에서 잠이 들었다. 이것이 발단이 되어 강이의 서운함도 결국 터져버렸다. 자이언 국립공원 입구에 도착해 차를 세우고 이야기를 했다.

오늘 볼 곳이 많은데, 어떻게 온 여행인데, 이렇게 시간을 낭비하는 것도 싫고, 합의점이 안 보이는 답답한 상황도 싫었다. 결국 나는 속상하고 서운한 마음에 울분이 터져 엉엉 울어버렸다.

여기서 끝이면 얼마나 좋을까. 호르몬은 나를 편하게 놔두지 않았다. 이번에 날을 제대로 잡았는지 예민함이 폭발했다.

자이언 캐니어 투어를 마치고 브라이스 캐니언을 향해 한참을 가고 있는데 해가 지기 시작한다. 원래 일몰 전에 도착해 브라이스 캐니언에서 일몰을 보는 것이 목표였지만 다투는 바람에 일정이 늦어졌다.

빨리 가면 해가 다 지기 전에 도착할 수 있지 않을까 싶어 부지런히 달렸다. 하지만 도착하니 거의 해가 다 졌다. 오늘 관람은 무리다. 내일 다시 온다고 해도 오늘은 공휴일이라 입장료가 무료였는데 내일은 패스를 구매해야 했다.

마음대로 되는 것이 하나도 없는 하루다. 다툼 때문에 자이언 캐니언도 기분 좋게 구경하지 못해 아쉬운데, 내일 브라이스 캐니언도 못 보니 속상해서 또 눈물이 난다. 내 마음도 모르고 강이가 뭐라고 한다. 그도 나름대로 답답했겠지만 속상한데 뭐라고 하니 울분이 터진다. 강이한테 뭐라고 한 것도 아니고 속상해서 그러는데 왜 나한테 뭐라 하냐구. 나는 또 엉엉 울었고 우리 싸움의 두 번째 매치가 시작됐다.

겨우 상황을 풀고 숙소로 왔지만 아무것도 하고 싶지 않았다. 그날 밤 나는 옷도 갈아입지 않고 저녁도 거른 채 잠들었다.

다 지나가

그런 날이 있지
그냥 막 울고 싶은 날
말하지 않아도 누가 내 마음 좀 알아줬으면 좋겠는데
괜찮은 척하니까 사람들은 진짜 괜찮은 줄 알지
나 좀 잘살아 보겠다는데
큰 걸 바라는 것도 아닌데
세상이 미운 그런 날이네 오늘은

그래도 다 지나가 알지?
넘어져도 괜찮으니까 일어나기만 해
바로 못 일어나겠으면 잠시 앉아 있다 일어나도 돼
그러니까 주저앉지만 말아

진짜는 내 안의 나

누가 봐도 버거인데 미국에선 샌드위치라고 한다. 흔히 동그란 버거 번 사이에 고기, 야채가 들어있으면 버거, 네모난 식빵 사이에 들어 있으면 샌드위치라고 생각하기 마련이다. 미국에서 샌드위치를 주문했는데 버거가 나와서 여러 번 당황했다. 강이가 미국은 다진 소고기 패티만 버거라고 할 수 있다는 법이 있다고 알려줬다.

미국인들이 보기에 버거는 샌드위치고
한국인들이 보기에 샌드위치는 버거고

사실 우리는 모두 어떤 정의의 집합이다.
우리가 사과를 딸기라고 하면 사과는 딸기,
하늘을 바다라고 하면 하늘은 바다,
버거를 샌드위치라고 하면 버거는 샌드위치가 된다.

그래서 나를 정의 하는 수백 개의 어떤 것보다 무엇을 품고 있는지가 중요하다. 나를 부르기 나름, 생각하기 나름이지만 내가 쌓아온 내면은 그 무엇도 바꿀 수 없다. 내가 품은 나의 마음만이 진짜 내가 된다.

캐니언투어

거대한 협곡 앞에 서 본 적이 있나요?
그 앞에 서면 모든 생각들이 사라지고 마음속이 고요해집니다
세상에 오직 나만 있는 듯합니다

자연의 거대한 힘이 느껴집니다
잠시 다녀가는 이 세상 잘 살다 가면 됐지 생각하며
모든 걱정과 고민을 떨쳐버립니다

그러다가 문득 서글퍼지기도 합니다
지금 내가 보는 풍경과 30년이 지난 후 풍경은 같을 텐데
그 앞에 마주 선 나는 많이 달라져 있을 테니까요

주름도 생기고, 흰머리도 나고 그러겠지요
자연의 긴 시간 속에 나의 시간은 한없이 짧을 뿐입니다
찰나의 삶이 어떤 의미가 있을까

무엇이 의미 있을까 그러다가도
짧은 인생이니 행복하게 살자고
나에게 의미 있는 것으로 채우면 된다고 생각합니다

뷰 포인트에 서서 앞을 바라보면 처음엔 눈 앞에 펼쳐진 풍경이 믿기지 않는다. 돌아서면 사라질 풍경이 아쉬워 핸드폰을 꺼내 사진도 찍어 봤지만 역시 눈으로 보는 것만 못하다. 핸드폰은 주머니에 넣어두고 눈에 더 열심히 담았다.

수만 개의 후두들이 어떻게 만들어졌을까 상상해 본다. 퇴적암이 물과 바람에 의해 침식되어 만들어졌다고 한다. 자연적으로 이런 지형이 만들어지는 것이 가능한가? 곰곰이 생각해 보니 오히려 인간의 손으론 절대 만들지 못할 것 같았다. 영겁의 세월 속에 자연만이 만들어 낼 수 있는 결과물이다.

한치 앞이 막막했던 내게 여행은 위로가 되어 주었고, 넓은 세상을 보여주며 용기를 주었다. 자유로운 날들 속에 진짜 내가 원하는 삶은 무엇인지 생각할 시간을 선물했다.

떠나오길 참 잘했다

인생이란 뜻대로 흘러가지 않는다는 것을 시간이 흐를수록 더 느낀다.
그래서 내가 선택할 수 있을 때 내 뜻대로 해야 한다.
나는 내 뜻대로 여행을 선택했고, 후회하지 않는다.
떠나기 전에는 누군가는 앞으로 가고 나는 멈춰있을 것이 두려웠는데
막상 떠나오니 무섭지 않다.
오히려 떠나오기 전에는 아무것도 못 할 것 같은 느낌이었다면
지금은 무엇이든 할 수 있을 것 같은 느낌이 든다.
여행 중 찍은 사진 속에 내가 너무 해맑게 웃고 있다.
가슴이 벅차올랐다. 떠나오길 참 잘했다.

여행 타임머신

여행지의 엽서나 자석을 모으는 취미가 있다. 이 아이들은 마법의 힘이 담긴 것 같다. 영화에서 어떤 물건을 만지면 그 안에 담긴 과거가 순간 확 스쳐가는 것처럼 나는 자석과 엽서를 보면 여행의 기억이 떠오른다.

뉴욕시립도서관에서 샀던 자석을 보면 친구들과 열심히 걸었던 소호 거리와 뉴욕 도심의 크리스마스 마켓이 떠오르고 오사카에서 샀던 엽서를 보면 비가 오던 청수사, 엄마랑 언니랑 편의점 음식을 사 먹었던, 생각만으로도 미소가 지어지는 순간들이 떠오른다.

이번엔 자석 두 개와 엽서 한 장을 샀다. 라스베이거스 프리몬트 스트리트에서 칩 모양 자석과 LA 할리우드 거리에서 'LOS ANGELES'라고 적힌 캘리포니아 자동차 번호판 모양 자석을 샀다. 엽서 한 장은 그랜드 캐니언 기념품 샵에서 데려왔다.

언젠가 이번 여행을 떠올리고 싶을 때 이 아이들이 타임머신이 되어 나를 이 곳으로 데려다 줄 것이다.

인생의 무늬

상상할 수 없는 긴 시간 동안 협곡은 깎이고 깊어져 자신의 모습을 갖춰왔다. 물이 녹았다 얼기를 반복해 생긴 균열로 자신의 일부가 떨어져 나가고서야, 거센 바람에 깎여 나가고서야 지금의 모습이 되었다.

인생도 그렇다. 힘든 시간을 견디며 흉터가 남은 인생이 더 볼만한 인생이다. 인생의 굴곡을 견딘 사람에게 배울 점이 있는 법이다.

그러니 조금 상처가 나도 겁먹지 말자.
이 상처가 결국엔 우리 인생의 예쁜 무늬가 되어줄 테니.

다음을 기약하려면 아쉬움도 있어야지

별이 가득한 밤하늘과 도시의 야경을 보는 것을 정말 좋아한다. 어두운 밤에 반짝이는 별과 도시는 예쁘기도 하지만 보고 있으면 마음이 괜히 뭉클하다. 구체적으로 설명할 수 없는 감정이 든다. 아무튼 그래서 여행 중에도 야경이 예쁜 곳을 꼭 찾아다닌다.

LA는 그리피스 천문대가 야경으로 유명하다. 시내의 높지 않은 언덕에 있는데 LA 도심을 한눈에 담기에 최적의 장소다. 차를 타고 꼬불꼬불 길을 따라 주택가 언덕을 올라갔다. 집들 사이로 언뜻 보이는 야경이 예뻐서 벌써 설렌다. 그런데 문제가 생겼다. 올라가는 길이 중간에 막혔다. 허가받은 차만 지나갈 수 있다고 적혀있다. 처음에는 고급 주택가라 그런 줄 알았다.

잠시 차를 길옆에 세워두고 천문대로 가는 다른 길을 찾았다. 구글맵으로 검색하면 막힌 길만 알려줘서 직접 길을 찾았다. 지도상에서 차를 타고 갈 수 있는 곳까지 올라간 후 거기부터는 걸어서 올라갈 생각으로 근처 도로를 목적지로 설정하고 갔다.

그런데 여기도 올라가는 길이 막혔다. 이유를 생각해 보니 산불 때문에 막힌 것 같았다. 그리피스 천문대는 불길이 번지지 않았지만 위험한 상황이니 막아둔 것 같다. 아쉽지만 차를 돌렸다. 너무 완벽한 것보다는 약간 아쉬운 경험이 다음을 만드는 법이다. 이 또한 다음 여행을 위해 남겨두는 것이리라.

보물 지도 공개

이 책에서 나만 아는 맛집 보물 지도 장소 중 두 곳을 공개하겠다. 왜냐하면 너무 맛있어서 세상 사람들이 다 가 봤으면 좋겠다. 이런 곳은 널리 알려져야 한다.

첫번째 보물이 있는 곳은 자이언 국립공원 근처에 있는 'Oscar's cafe' 이다. 자이언 국립공원에 들어가기 전에 식사를 하기로 했다. 강이는 구글맵을 찾아보더니 나를 한 식당으로 데려갔다. 강이는 부리또를 나는 샌드위치를 주문했다. 음식이 나왔는데 부리또가 생김새부터 정말 먹음직스럽다. 평소 알던 부리또랑 다르다. 크고 따뜻한 접시에 소스가 깔려 있고 그 위에 부리또가 얹어져 나왔다.

큼직한 크기만큼 속도 알차다. 밥, 감자, 고기, 콩이 가득 들었다. 감자와 밥이 같이 들어있는 부리또는 처음이었다. 낯선 조합이었는데 이 재료들이 생각보다 잘 어우러져서 신기했다. 이번 여행에서 먹은 음식 중 가장 맛있다. 안 좋은 기분도 풀리는 맛이다. 싸운 후라 기분이 안 풀려서 말하기 싫었지만 너무 맛있어서 말을 안 할 수가 없다. 뚱한 목소리로 말했다.

"부리또 맛있다."
"맛있어? 여기가 주변 식당 중에 평점이 가장 높더라고."

그럴만해. 아라슐랭 별 세개 드립니다. 샌드위치를 반 먹고 난 후에 강이랑 접시를 바꿔 먹은 거라 배가 불러서 다 먹지 못한 것이 아쉬웠다. 이렇게 맛있을 줄 알았으면 샌드위치 조금만 덜 먹을걸. 혹시 다른 지점이 있을까 찾아봤지만 한 곳뿐이다. 부리또 먹으려고 자이언 캐니언까지 갈 수도 없고. 그렇지만 자이언 국립공원에 간다면 꼭 이곳을 가야 한다. 바로 보물 지도에 저장했다.

두 번째 보물이 있는 곳은 LA 에 있는 '2 for 1 Pizza'이다. 강이가 LA 에서 일하는 동안 맛있게 먹은 피자가 있다고 한다. 작은 크기지만 피자 한 판을 다 먹을 정도로. 이 피자는 빵이 정말 맛있어서 빵을 배운 사람이 피자를 만든 느낌이라고 한다.

2 for 1피자는 토핑을 직접 고를 수 있고 한 판 가격으로 두 판을 먹을 수 있다. 치즈 크러스트를 추가하고 싶은데 치즈 크러스트는 미디엄, 라지만 가능하다. 미디엄 두 판은 너무 많을 것 같아서 2 for 1과 치즈 크러스트 중에 고민하다가 치즈 크러스트를 선택했다. 언제 또 먹을지 모르는데 치즈 크러스트는 추가해야지.

기다리는 동안 손님이 꽤 다녀가는 걸 보니 신뢰도가 올라간다. 맛집은 맛집인가? 피자가 나왔다. 그동안 내가 본 피자와 비주얼이 다르다. 특히 크러스트의 존재감이 상당하다. 일단 가운데부터 한입. 음? 눈이 동그래지는 맛이다. 재료 본연의 맛이 잘 느껴지는 담백하지만 맛있는 맛이다.

빵만 남을 때까지 참을 수 없어서 곧바로 크러스트를 한입 먹었다. 너무 맛있다. 빵이 어떻게 이렇게 맛있을 수가 있지? 이 피자야말로 끝까지 맛있는 피자다. 그동안은 토핑이 올라간 가운데가 주연, 끝에 빵은 조연이라 생각했는데 이 피자는 모두가 주인공이다.

치즈 크러스트를 고르길 너무 잘했다. 빵만 먹어도 맛있는데 안에 들어있는 치즈도 맛있어서 같이 먹으니 더 맛있다. 크러스트만 팔아도 사서 먹었을거다. 피자 만드는 법을 배워서 한국에서도 만들어 먹고 싶을 정도다. 역시나 아라슐랭 별 세개 땅땅땅.

언젠가 이곳에 다시 방문하는 날에 그대들을 만날 수 있을까요?
만난다면 반갑게 인사해요. 그리고 그땐 다른 보물 지도 속 장소도 공유해 줄게요!

가까이선 비극, 멀리선 희극

파머스 마켓 안에 있는 커피숍에서 아메리카노와 라떼를 주문하고 테이블에 앉았다. 강이가 잠시 일할 시간이 필요하다고 해서 겸사겸사 쉬었다 가기로 했다. 나는 강이가 일할 동안 읽을 책을 한 권 챙겨왔다. 햇빛은 강하지만 적당히 바람이 부는 그런 날이었다.

우리는 그늘진 자리에 앉았다. 나는 차분히 책을 펼쳐 읽었다. 여행 중 바쁘게 돌아다니다가 이렇게 여유로운 시간을 가지면 꽤나 행복하다. 오늘은 날씨도 도와줬다. 중간중간 부는 바람이 너무 좋다. 우리 옆 테이블에는 대화하는 노부부도 있고, 함께 식사하는 가족들, 혼자 와서 공부하는 사람도 있다.

그 순간이 너무 예뻐서 여행 중 가장 기억에 남는 순간 하나로 남아있다. 그만큼 참 예쁜 장면이었다. 나에게는 오래 기억에 남을 정도로 특별한 여행의 한순간이지만 그 장면 속 이들에게는 보통의 날들이다. 겉에서 보기엔 이렇게나 평화롭지만 그들은 각자 자신의 길을 나아가는 중이겠지.

인생은 가까이서 보면 비극 멀리서 보면 희극이라는 말이 있다. 옆에서 보기엔 괜찮아 보일지라도 그 사람은 나름대로 힘들고, 아프다. 나도 그랬다.

그러니 누구는 잘 산다고 부러워할 필요도 없고 내가 더 힘들다고 속상할 필요도 없다. 그냥 서로 토닥여주고, 응원해 주면서 그렇게 살아가면 된다.

버스킹 소녀

산타모니카 해변에 가는 길에 노랫소리가 들려온다. 구석에서 어린 소녀가 버스킹을 하고 있다. 목소리가 너무나 예쁘다. 때 묻지 않은 순수한 목소리가 너무나 예쁜데 소녀는 부끄러운지 작은 목소리로, 땅을 보며 노래를 부른다.

이 거리에 나오기까지 얼마나 큰 용기를 냈을까. 기특하고 사랑스러워서 목소리를 귀담아들었다. 가수가 하고 싶어서 노래를 부르는 걸까? 그저 노래 부르는 것이 좋아서? 돈을 모으고 싶어서? 무엇이든 소녀가 원하는 것을 이뤘으면 좋겠다.

부디 소녀의 용기가 큰 선물이 되어 돌아가길.
앞으로도 소녀가 용기 내는 삶을 살 수 있길.

산타모니카

나는 산타모니카 해변을 꼭 안 봐도 괜찮았다. 동선상 숙소 근처 해변에서 바다를 보는 것이 나을 것 같았다. 하지만 강이는 LA에 왔으면 산타모니카는 봐야 한다고 한다. 내가 LA에 오기 전 강이는 먼저 산타모니카를 갔었는데 좋았던 기억에 나를 데려가고 싶은 것 같다.

해변과 가까운 길가에 주차를 하고 관람차가 있는 곳으로 걸어갔다. 산타모니카 하면 떠오르는 나무데크가 있는 곳이다. 좋아하는 책에 66번 국도를 여행하는 이야기가 나오는데 산타모니카가 66번 국도의 끝이라고 한다. 다들 그 표지판 앞에서 사진을 찍는다고. 내가 좋아하는 책에 나오는 곳이라 강이가 보여주고 싶었던 것 같다. 66번 국도를 직접 봐서 보다는 이렇게 나를 생각해 주는 그가 있어서 좋다.

우리도 표지판 앞에서 사진을 남기고 더 안으로 걸어 들어갔다. 바다와 맞닿은 데크의 끝에 섰다. LA의 바다는 이렇구나. 해는 점점 저물고 있고 하늘은 붉게 물들어 간다. 바다에서 물놀이하는 사람들, 버스킹 하는 사람들, 여행 온 관광객들이 저마다의 시간을 보내고 있다. 오길 잘 했다. 멋진 장면을 LA까지 와서 못 보고 돌아갈 뻔했다.

Epilogue

세상이 바라는 나의 길을 가야겠다고 생각하면서도 마음 한구석에는 내가 바라는 삶을 늘 품고 있었다. 글쓰기라는 꿈을 아무도 몰래 간직하고 있었다. 그 작은 불씨가 여행이라는 바람을 만나 크게 타올랐다. 그리고 책을 만들기에 이르렀다.

꿈을 품고 있기를 참 잘했다. 글을 쓰는 내내 행복했다. 이 글이 얼마나 많은 이들에게 닿을지는 모르겠지만 여행하고, 책 만드는 기간이 나에겐 봄바람이 부는 것처럼 설렜다. 그것만으로도 감사하다. 무채색이던 내 삶이 벚꽃 빛깔로 물들었으니까.

앞으로 어떤 길로 갈지 알 수 없지만 여행을 통해서 어디든 괜찮다는 것을 배웠다. 세상은 나를 조급하게 하고 멋진 길은 정해져 있다고 말하지만 그러지 않다는 것을 느꼈다. 이 머나먼 나라엔 다양한 국적의 사람들이 살고 있고 각자의 인생을 각자의 방법대로 만들어가고 있었다.

여행은 나에게 네가 살고 싶은 인생을 살아도 될 만큼 세상은 넓다고.
그러니 눈치 보지 말고, 네가 빛나는 순간을 찾으라고 이야기 해줬다.
여행지의 햇빛은 눈부셨고, 활짝 웃는 나의 모습은 더 눈부셨다.

책 속의 제가 그랬듯이 여러분의 오늘이 반짝이길 진심으로 바랍니다.
우울하기엔 오늘의 우리는 너무 빛나니까.

우울하기엔 오늘의 내가 너무 빛나서

초판 1쇄 발행 2025년 4월 29일
지은이 이아라
펴낸곳 그대곁에
이메일 jkdkfk@naver.com
ISBN 979-11-992463-0-0   03800